HECHOS

Una Perspectiva Pneumatológica

Vol. 3 No. 1 Enero 2021

CPT Press
Cleveland, Tennessee USA

HECHOS: Una Perspectiva Pneumatológica

Vol. 3 No. 1 Enero 2021

Print version published by CPT Press
900 Walker ST NE
Cleveland, TN 37311
USA
email: cptpress@pentecostaltheology.org
website: www.cptpress.com

ISBN-13: 9781953358042

Copyright © 2020 Miguel Alvarez and Geir Lie

All rights reserved. No part of this book may be reproduced or translated in any form, by print, photoprint, microfilm, microfiche, electronic database, internet database, or any other means without written permission from the publisher.

Editores
Geir Lie
Miguel Álvarez

Editor de reseñas de libros
Daniel Orlando Álvarez

Dirección
Dyretråkket 34
1251 Oslo
Noruega

Correo
bolhechos@gmail.com

Página web
http://www.akademiaforlag.no/hechos/

ISSN
2535-6410

Contenido

Editorial — 1

Miguel Álvarez
La interpretación de la Escritura en América Latina — 3

Kenneth J. Archer
El Espíritu, la comunidad y la Escritura: Una hermenéutica pentecostal estratégica — 25

Daniel Orlando Álvarez
Una introducción pentecostal wesleyana al libro de los Hechos — 51

Lee Roy Martin
El anhelo por Dios: El Salmo 63 y la espiritualidad pentecostal — 69

Carmelo Álvarez
Más allá del fundamentalismo: Desafíos a los movimientos pentecostales — 97

Bernardo Campos
Sacerdotes, curanderos y visionarios — 113

Oscar Corvalán Vásquez
Ética social de los pentecostales chilenos — 147

Reseñas de libros — 169

Vamos por el tercer año

Con este número, el Boletín HECHOS comienza su tercer año de circulación. La recepción de nuestros lectores ha sido muy positiva y todos los que laboramos en este boletín agradecemos los comentarios y recomendaciones que nos han enviado. Era evidente que había un vacío de esta naturaleza en la comunidad hispanoparlante. Con estas ideas en mente, nos gustaría estimular a los escritores latinoamericanos a enviarnos sus artículos. HECHOS es un boletín disponible a escritores que aportan ideas creativas al desarrollo de la iglesia en la comunidad antes mencionada.

Este número da inicio a un diálogo entre teólogos anglos y latinos. La intención es expandir las ideas de teólogos pentecostales en diferentes direcciones. Es probable que en el futuro se pueda incluir artículos de autores asiáticos, europeos y africanos. Este marco internacional es beneficioso para que la comunidad latinoamericana pueda conocer e interactuar con el pensamiento pentecostal de diferentes regiones.

En este volumen, el lector encontrará dos artículos que tocan la hermenéutica latina y la hermenéutica pentecostal clásica norteamericana. En el primero, Miguel Álvarez hace una análisis actualizado sobre las fuentes de interpretación bíblica en América latina. En el segundo, Kenneth Archer ofrece una hermenéutica pentecostal estratégica que integra al Espíritu, la Comunidad y la Escritura. Luego, el lector encontrará dos artículos que estudian las escrituras pneumáticamente. En una, Daniel Álvarez, hace una presentación wesleyana del libro de los Hechos y, en la otra, Lee Roy Martin, describe el anhelo humano por Dios, basado en el Salmo 63. En la segunda parte, el lector podrá interactuar con el pensamiento de Carmelo Álvarez, que analiza los desafíos que el fundamentalismo le plantea al pentecostalismo. Por su parte, Bernardo Campos presenta los desafíos que representan las prácticas animistas dentro del pentecostalismo popular en el Perú y, finalmente, Oscar Corvalán reflexiona sobre la ética social de los pentecostales chilenos. Cada artículo contiene ideas muy valiosas que deberán enriquecer el estudio de las diferentes áreas teológicas referidas.

También, deseamos agradecer a nuestros lectores su apoyo y solidaridad hacia el boletín. Esta es una plataforma que intenta servir a la iglesia, enriqueciendo el pensamiento teológico. Sus oraciones son muy agradecidas.

La interpretación de la Escritura en América Latina

Miguel Álvarez

Esta presentación tiene como objetivo razonar sobre la forma en que los latinoamericanos leen e interpretan el texto bíblico. En efecto, estoy proponiendo un método integrador que interpreta el proceder de los latinos cuando estudian la Escritura. En la discusión se incluye rasgos históricos, referencias teológicas, aspectos prácticos y elementos que son afines a la identidad latina. El estudio se enfoca en las tres tradiciones cristianas tradicionalmente conocidas como las de mayor influencia en América Latina—Católica, Evangélica y Pentecostal.

Este estudio no busca combinar puntos de vista, ideas o valoraciones académicos de diferentes concepciones cristianas que asumen cierta compatibilidad al combinarlas y mezclarlas coherentemente, como en el eclecticismo.[1] Este pretende conciliar diversas teorías y corrientes, tomando de cada una de ellas lo más

---

[1] El eclecticismo es un enfoque conceptual que no se sostiene rígidamente a un paradigma o un conjunto de supuestos. Más bien se basa en múltiples teorías, estilos, ideas para obtener información complementaria en un tema, o simplemente aplica diferentes teorías en casos particulares. También pretende conciliar las diversas teorías y corrientes existentes, tomando de cada una de ellas lo más importante aceptable, permitiendo romper las contradicciones existentes.

importante aceptable, permitiendo romper las contradicciones existentes.

Más específicamente, este documento propone un diálogo sobre algunos puntos de vista en relación a la interpretación bíblica, tomando en cuenta las tres fuentes de interpretación más conocidas entre los latinoamericanos. Históricamente, la mayoría de los latinos han vivido en un trasfondo religioso católico romano. Aunque algunos hayan renunciado a la Iglesia Católica para unirse a otros grupos evangélicos o pentecostales, aún así sus principios, valores culturales, educativos, familiares, sociales y religiosos continúan siendo católicos, por antonomasia. La razón es evidente, por más de 500 años el catolicismo romano ha prevalecido en las culturas y sociedades hispanas.[2]

El objetivo de esta ponencia es presentar un cuadro de la realidad hispana en cuanto a su conexión e integración a la fe cristiana. Históricamente la comunidad hispana ha recibido enseñanzas de las iglesias católicas, evangélicas y pentecostales, para mencionar los movimientos de mayor influencia. Así que para elaborar un estudio como éste ha sido necesario revisar algunas obras de escritores tanto católicos como evangélicos y también pentecostales. Por la metodología empleada en la construcción de este documento, el lector se dará cuenta que en la comunidad latinoamericana hay múltiples combinaciones teológicas, las cuales también son observables en el campo de la interpretación de la Escritura.

Antecedentes Históricos

En cuanto al protestantismo y sus ramificaciones más significativas entre los latinos, esos movimientos llevan alrededor de 100 años de actividad histórica.[3] En lo referente a tiempo, la Iglesia Católica alcanzó a los latinoamericanos unos 400 años antes que los movimientos evangélicos y pentecostales. Esto es significativo en lo

---

[2] Véase la obra caricaturesca y satírica de Eduardo del Río, *500 Años Fregados Pero Cristianos* (México, DF: Editorial Grijalbo, 1992), p. 42. El autor resalta mitos, tradiciones y detalles históricos que sólo pueden ser expresados a través del arte de la caricatura.

[3] Angelina Pollak-Eltz y Yolanda Salas de Lecuna (eds.), *El Pentecostalismo en América Latina entre Tradición y Globalización* (Quito, Ecuador: Ediciones Abya-Yala, 1998), p. 7.

que se refiere a la influencia de las tradiciones cristianas en suelo latinoamericano. Este importante marco histórico nos permite entender mejor el perfil del cristianismo hispano. En el contexto de este estudio es posible afirmar que los latinos pueden ser evangélicos o pentecostales, pero por lo general, reflejarán el trasfondo católico de su cultura, sociedad, educación y familia, que los distingue y los hace diferentes de otros contextos cristianos.

Por otro lado, en esta presentación haremos la diferencia entre evangélicos y pentecostales, por dos razones: Primero, son dos movimientos diferentes, con diferencias doctrinales y, segundo, su relación con la persona y obra del Espíritu Santo también es diferente. Aunque esta discusión no entrará en el campo pneumatológico, si es importante mencionarlo, ya que entre los latinos, por lo general estas diferencias no se toman en cuenta, sin embargo, sí se pueden observar en la implementación de las enseñanzas doctrinales y prácticos del ministerio en la congregación. También es notable observar que algunos pentecostales, los más tradicionales, insisten en identificarse como evangélicos, mientras que los neopentecostales ya no están tan interesados en esa identidad tradicional, precisamente por su forma nueva de interpretar la iglesia, la Escritura y la manera que practican su ministerio.

Con el surgimiento del pentecostalismo en el siglo XX, la comunidad hispana experimentó un giro significativo en su forma de apreciar la fe cristiana.[4] Por ejemplo, los pentecostales enfatizaron una experiencia espiritual más militante en la práctica de la fe cristiana, y en su re-encuentro con el texto bíblico hicieron que la Palabra escrita cobrara vida en la realidad de los creyentes y la comunidad misma.[5] Además de la autoridad del texto sagrado y la revelación del Espíritu Santo, los pentecostales latinoamericanos también incluyeron a los precedentes históricos de la tradición cristiana y a la comunidad de fe en la interpretación de la Escritura. El resultado es una interpretación dinámica, a la cual estos ven como

---

[4] Véase por ejemplo, Pablo Aberto Deiros, *Historia del Cristianismo en América Latina* (Quito, Ecuador: Fraternidad Teológica Latinoamericana, 1992), p. 775.

[5] Véase el punto de vista de Manuel Antonio Garretón (ed.), *América Latina: Un Espacio Cultural en el Mundo Globalizado* (Bogotá, Colombia: Convenio Andrés Bello, 2002), p. 238.

un proceso que finalmente conlleva a discernir la voluntad de Dios para su pueblo en un contexto histórico determinado.

Históricamente, los movimientos misioneros evangélicos y pentecostales hacen su ingreso a la comunidad hispana llevando consigo una perspectiva evangélica y cultural de corte norteamericano. Los misioneros norteamericanos llegaron con un trasfondo evangélico histórico nacido en Gran Bretaña y criado en Norteamérica. De ahí que al entrar en el mundo hispano, cuyo trasfondo es católico romano, los movimientos evangélicos y pentecostales norteamericanos entraron en contradicciones teológicas significativas, especialmente con la tradición católica que era la que prevalecía entre los pueblos latinoamericanos.[6] Naturalmente, el campo de esa contradicción eran los "nuevos convertidos" evangélicos y pentecostales que surgieron como producto de la evangelización entre los católicos latinoamericanos.[7]

Para entender mejor este fenómeno veámoslo desde una perspectiva dialéctica donde se destacan las siguientes contradicciones: Los latinos, por lo general, vienen de un trasfondo Católico Romano (tesis).[8] Por su parte, los norteamericanos vienen de un trasfondo evangélico (anti-tesis). La comunidad hispana actual ha incorporado principios hermenéuticos de ambos trasfondos (síntesis). Para continuar la discusión, debo aclarar que mi propósito no es abogar por uno u otro extremo. Más bien, mi objetivo es explicar la singularidad de los movimientos evangélicos y pentecostales latinoamericanos. Estos, por su contexto geográfica e

---

[6] José Ignacio Saranyana y Carmen José Alejos-Grau (eds.), *Teología en América Latina: De las Guerras de Independencia hasta finales del Siglos XIX: (1910-1899)*. Vol. 2. 2 (Madrid, España: Editorial Iberoamericana, 2008), p. 294. Esta colección ofrece ideas de teología y política desde una perspectiva católica.

[7] Acá es interesante observar el punto de vista católico. Ese el caso de Juan García Pérez (ed.), *América Latina, Treinta Años de Transformaciones 1962-1992* (Madrid, España: Universidad Pontificia Comillas), p. 199.

[8] Un buen recurso para entender la implantación del método dialéctico en el libo de Raúl Rojas Soriano, *Investigación Social: Teoría y Praxis* (México, DF: Plaza y Valdés, 2002), p. 162.

histórico, están enmarcados en un zona que evidencia una perspectiva diferente con relación a la vida cristiana.

En este marco se puede pensar que en América Latina se ha dado una combinación católica/evangélica o católica/pentecostal, y en algunos casos, la combinación es tripartita: católica/evangélica/pentecostal, lo cual viene a ser la síntesis de la confrontación dialéctica entre los movimientos más promitentes de la fe cristiana en la comunidad hispana.

CONTRADICCIONES TEOLÓGICAS (Método Dialéctico)			
Tesis	Evangélicos y Pentecostales Latinos	Catolicismo Romano: Cultura, educación, sociedad, religión.
Anti-tesis	Evangélicos y Pentecostales Norteamericanos	Evangélicos y Pentecostales Norteamericanos. Nueva experiencia espiritual.
	Convergencia de Posiciones Teológicas Opuestas	Evangélicos y Pentecostales diferentes. Incorporan principios de ambos trasfondos.

Cuadro No. 1

La discusión anterior obliga a encontrar un punto de convergencia que explique teológicamente a los movimientos evangélicos y pentecostales que surgieron entre los latinos después del encuentro dialéctico entre ambas corrientes del cristianismo moderno en América Latina. Después de la incursión del pentecostalismo clásico en América Latina, en la década de los 1960s comenzaron a surgir corrientes nuevas que combinaban principios pentecostales y católicos en la vida eclesial y particularmente en la interpretación del texto bíblico.

Un ejemplo de esta corriente fue el Movimiento de Renovación Carismática que se dio no solamente en las iglesias protestantes y evangélicas, sino también en la Iglesia Católica misma. En este caso, y por razón de espacio, nos centraremos en el estudio de la interpretación de la Escritura, un nuevo paradigma para la hermenéutica tradicional, que es crucial para entender a la nueva generación de evangélicos y pentecostales latinos. Según lo hemos explicado, estos movimientos denotan características muy típicas de su trasfondo y contexto histórico, que debe ser tomado en cuenta a la hora de estudiar el texto bíblico.

Metodología

Tradicionalmente, los latinos han enfrentado a la Escritura ya sea a través de los métodos utilizados por la Iglesia Católica, o por los métodos históricamente enseñados por los evangélicos y pentecostales.[9] Por razones de espacio, este documento no discutirá los métodos históricos tradicionales; más bien, nos ocuparemos en describir aquellos elementos que forman parte de una metodología que es observable entre la nueva generación evangélica y Pentecostal hispana. Esos elementos forman parte de lo que hemos decidido llamar un método de interpretación integrador. A continuación, ofrecemos los elementos más destacables que forman parte de este método y que son concomitantes con la conducta, la enseñanza y la predicación de la comunidad hispana en general.

Un método integrador

En el libro *El Rostro Hispano de Jesús*, yo describo en más detalle lo que he llamado el método de interpretación integrador. A este hay que entenderlo como aquel proceso de interpretación que (1) integra sistemáticamente las funciones particulares de la revelación escrita de la Palabra de Dios. (2) Incluye también la acción participativa del Espíritu Santo en cuanto al entendimiento, iluminación y decisiones sabias que concuerdan con la Escritura. (3) El intérprete estudia el testimonio de la historia y la influencia de la tradición en la

---

[9] Un autor que hace referencia a las diferencias de interpretación de la Escritura, entre católicos y protestantes, es Juan Driver, *La Fe en la Periferia de la Historia: Una Historia del Pueblo Cristiano desde la Perspectiva de los Movimientos de Restauración y Reforma Radical* (Guatemala, Guatemala: Ediciones Semilla, 1997). Otra obra importante en este campo es el libro de David Suazo Jiménez, *La Función Profética de la Educación Teológica en América Latina* (Viladecavalls, España: Editorial CLIE, 2012).

interpretación del texto bíblico. Por último, (4) El intérprete se somete a la autoridad espiritual de la comunidad de fe, cuya función es cuidar que toda interpretación o acción derivada de esta no contradiga o niegue la verdad y eficacia de la Palabra escrita.[10] La integración de estos cuatro elementos confirman la legitimidad de una interpretación que es completa y accesible para una comunidad diversa, como la hispana.

En este método se integran la actividad divina y la humana.[11] Por ejemplo, toda interpretación para ser aceptada o confirmada debe pasar por este proceso de examen riguroso, el cual ineludiblemente legitimará o invalidará la interpretación que se haya hecho al texto. Así que cuando estos elementos, la Palabra Dios, el Espíritu Santo, la historia y la tradición y la autoridad de la comunidad de fe se integran dinámicamente, no hay lugar para el error.[12] Además, los intérpretes pueden disentir en cuestiones de estrategia, énfasis y aún en la implementación de la revelación. Pero en lo que se refiere a la jerarquía de la Escritura, esta es suprema y está sobre todas las demás cosas.

---

[10] Esta información es más ampliamente discutida en mi artículo "Hacia Una Hermenéutica Esperanzadora", en Raúl Zaldívar, Miguel Álvarez y David E. Ramírez, *El Rostro Hispano de Jesús* (Barcelona, España: Editorial CLIE, 2014), pp. 11.

[11] Véase la discusión de la integración entre lo humano y lo divino que fue ampliamente discutido por Juan Calvino. Véase, por ejemplo, el análisis de Darren Sumner, "Calvin on Jesus' Divine-Human Activity," in *Out of Bounds. Theology in the Far Country*. http://theologyoutofbounds.wordpress.com/2012/04/24/calvin-on-jesus-divine-human-activity/. Accesado el 11 de Junio de 2014.

[12] Kevin L. Spawn and Archie T. Wright, *Exploring a Pneumatic Hermeneutics* (Bloomsburry, UK: T&T Clark, 2012). Este libro considera el tratamiento académico de la interpretación bíblico realizado por el movimiento pentecostal clásico, el cual parece ser el de mayor crecimiento numérico, hoy. En la primera parte hace un recuento de la historia de la interpretación bíblica en la tradición Pentecostal. En la segunda parte, seis eruditos pentecostales analizan el futuro de la interpretacion biblica en la mencionada tradición. Los autores debaten alrededor de preguntas claves. ¿Cuál es el papel del Espíritu Santo en la interpretación bíblica? ¿Cuáles son las presuposiciones, métodos y metas de la hermenéutica bíblica Pentecostal? En la tercera parte, tres teólogos no pentecostales (Craig G. Bartholomew, James D.G. Dunn, R. Walter L. Moberly) analizan las proposiciones descritas por los teólogos pentecostales. Estas respuestas críticas profundizan el examen de las hermenéutica bíblica y estimula a otros teólogos a incrementar sus estudios sobre el tema. El último capítulo evalúa los objetivos de la discusión de esta disciplina con una visión futurista.

Luego entonces, la revelación del Espíritu Santo confirma a la Escritura, y los precedentes de la historia y de la tradición legitimizan el impacto histórico de esta; y la autoridad espiritual y el juicio de la comunidad de fe aprueba o desaprueba la aplicación práctica de la interpretación.

Los agentes que intervienen en el método integrador

Este método es muy parecido al pneumático, que en su dinámica propone la inclusión de la Palabra, el Espíritu Santo y a la Comunidad de fe.[13] La diferencia entre el método pneumático con este método de interpretación integrador es la inclusión del testimonio de historia y la influencia de la tradición en el proceso dinámico de interpretar el texto. En la comunidad hispana la inclusión de la tradición es vital, precisamente por la influencia católica sobre su teología. En la Iglesia Católica el estudio de la historia y de la tradición es necesario para entender el ejercicio interpretativo del pueblo de Dios a través de las edades.

Esta es tal vez una de las áreas de mucho cuidado entre los intérpretes evangélicos y pentecostales, cuya relación con la continuidad histórica de la iglesia puede ser afectada por las diferencias denominacionales, precisamente por el interés particular histórico. El desafío acá es cómo conectar objetivamente al proceso de interpretación del texto con la historia de la iglesia cristiana y con la historia de la interpretación del texto mismo. Esto último debe ser tomado en cuenta por los intérpretes de la Escritura a fin de estudiar las evidencias históricas en la proposición de una hermenéutica que afecte a todo cristianismo y no solamente a un segmento de este.

Para que este proceso de interpretación se dé con objetividad se necesita que los intérpretes se quiten la camisa denominacional y

---

[13] Ver a Kenneth J. Archer, *A Pentecostal Hermeneutic: Spirit, Scripture and Community* (Cleveland, TN: CPT Press, 2009). El autor provee un análisis actualizado, detallado y comprensible sobre la hermenéutica Pentecostal. Identifica los filtros hermenéuticos para entender la historia, identidad y significancia del pentecostalismo. Archer pone atención a la narrativa y a las convicciones de la comunidad de fe. Este modelo se edifica sobre el significado del texto bíblico, la comunidad de fe y el papel del Espíritu Santo.

comiencen a ver a la iglesia como un cuerpo, con diferentes miembros, cuyas funciones son distintas, pero que todos contribuyen con el bienestar de este. A mí me parece que esto estaba en la mente del Espíritu Santo cuando guió a Pablo a escribir 1 Corintios, Capítulo 12. Para que esto último sea posible, el método integrador propone los cuatro agentes antes mencionados. Dicho método es inclusivo y conlleva una actividad dinámica que representa a los agentes que toman parte en la composición y la interpretación de la Escritura.

	INTERPRETACIÓN HISPANA DE LA ESCRITURA	
Método Integrador	Agentes que Participan en la Interpretación	Fuente Histórica
	El Espíritu Santo	La Trinidad (Dios)
	La Escritura Sagrada	El Texto Bíblico
	Historia y Tradición	Tradición Católica/Hispana
	La Comunidad de Fe	Pentecostalismo Clásico

Cuadro 2

En el caso de los latinoamericanos, la gran mayoría proviene de un origen y contexto Católico Romano, donde la tradición ha sido fundamental para entender a la iglesia, el ministerio, la liturgia y la salvación.[14] Un método que ignore el valor de la historia o el

---

[14] Alfred Kuen, *Introducción a la Eclesiología: La Iglesia según el Plan de Dios* (Terrassa, España: Editorial CLIE, 2001), p. 40. El autor escribe sobre la noción católica de la tradición. Él argumenta que históricamente ha existido una tradición oral por medio de la cual se ha transmitido una enseñanza apostólica que no se encuentra

testimonio de la tradición tendría dificultades para ser aceptado entre la comunidad hispana. Lo mismo podría suceder con otras entidades cristianas históricas. Por supuesto, la diversidad de posiciones teológicas y doctrinales entre los movimientos y denominaciones es obvia y, por esa misma razón, la generalización no es recomendable en este caso. No obstante, el estudio de la tradición y la historia del pensamiento del pueblo de Dios tienen un beneficio incalculable a la hora de formarse una idea del origen de la doctrina y la teología.

El mundo contemporáneo pone mucho énfasis en precedentes históricos y muchas decisiones, especialmente de tipo jurídico, social y espiritual se apoyan en antecedentes históricos para fortalecer sus conclusiones, especialmente aquellas de carácter normativo. Así que para recomendar un método que resulte representativo de las teologías hispanas, el mismo debe incluir una evaluación completa de la tradición y el papel de la historia en la interpretación.[15] En virtud de lo anterior, la dinámica de los elementos que participan e intervienen en la acción del método integrador se presentan de la siguiente manera.

La Palabra de Dios

Entendida esta como la revelación de Dios al género humano. Dios se comunica con el hombre a través de Escritura, la cual es inspirada

---

en la Biblia. Esta proposición es objetada absolutamente por las tradiciones evangélicas y pentecostales tradicionales. Pero en los últimos años más y más neopentecostales latinoamericanos, especialmente pastores de mega-iglesias que comulgan con el evangelio de la fe y la prosperidad están haciendo uso de tradiciones orales, especialmente aquellas que se aproximan a revelaciones particulares para beneficio particular. Sin duda, este tema debe ser estudiado más específicamente.

[15] Véase, Maurizio Ferraris, *Historia de la Hermenéutica* (Buenos Aires, Argentina: Siglo XXI Editores, 2002), p. 116. El autor deja entrever que ya ha existido intentos por incluir aspectos históricos y tradicionales en los procesos de interpretación, no sólo de la Escritura, sino que también de la cultura y los valores sociales. En la cultura hispana las tradiciones culturales y religiosas su fusionan creando patrones de conciencia y fe en los individuos y su sociedad. Esto naturalmente es parte de la naturaleza y la tradición católica de donde vienen.

y revelada por el Espíritu Santo.[16] La Palabra de Dios tiene una naturaleza divina y una humana. Es divinamente inspirada por Dios a través de seres humanos sujetos a las limitaciones humanas.[17] De esa manera el Dios omnipotente hace su incursión en la historia humana y se revela como una Escritura de origen divino documentada por hombres, que no eran robots recibiendo un dictado de Dios, sino personas que escribían a situaciones particulares sobre cuestiones humanas específicas, pero que al hacerlo, documentaban la Palabra de Dios.

La Escritura es la revelación verbal de Dios

La unidad entre Jesucristo y la Palabra es un misterio entendido por la acción reveladora del Espíritu Santo. La Palabra se hizo humana al encarnarse en Jesús. De esa manera, la Palabra es divina y es humana, y su función es integral. En Hebreos 4:12, hay una explicación total de la acción de la Palabra, "la Palabra de Dios es viva y eficaz, y más cortante que toda espada de dos filos; y penetra hasta partir el alma y el espíritu, las coyunturas y los tuétanos, y discierne los pensamientos y las intenciones del corazón."

Jesucristo es el origen y el cumplimiento de la Palabra. En la persona de Jesucristo se encarna la plenitud de la deidad en una naturaleza humana sujeta a las limitaciones del mundo humano.

La integración de las naturalezas humana y divina

Así como en Cristo Jesús se juntan ambas naturalezas la divina y la humana, de igual manera en la Escritura se juntan las dos naturalezas. Porque así es como Dios se hace accesible a la humanidad y puede ser entendido en su propósito y su misión para la humanidad.[18]

---

[16] Carlos Tomás Knott, *Libro Divino, Amada Palabra* (Tarrassa, España: Editorial CLIE, 1997), p. 70. El autor enfatiza que cuando la Palabra es iluminada, el Espíritu Santo capacita al lector para comprender lo que fue revelado e inspirado, para creer y obedecerle a Dios.

[17] Knott, *Libro Divino*, p. 62.

[18] Es muy significativo que este tema aún no haya sido académicamente discutido a profundidad en los círculos evangélicos y pentecostales latinos. Curiosamente uno de los más cercanos en español, se encuentra en la literatura teológica católica. Tal es el caso de la obra de Ignacio Arellano, *Autos Sacramentales Completos: Estructuras Dramáticas y Alegóricas de Calderón* (Pamplona, España: Universidad de Navarra, 2001), p. 76.

Debido que la Escritura es divina y es humana, al mismo tiempo, eso facilita la comunicación entre Dios y el hombre. En la persona de Jesucristo, quien es la encarnación de la Escritura, Dios el Padre se da a conocer al hombre en su propia realidad humana. Por ejemplo, Milton Jordán Chiqua argumenta que, "las Escrituras, al ser inspiradas, son en verdad Palabra de Dios. No obstante, su revestimiento humano, la Escritura no deja de poseer un lenguaje divino, donde el lenguaje humano envuelve la Palabra divina o, mejor dicho, es asumido como expresión del lenguaje divino. El lenguaje humano, sin dejar de serlo, ha sido asumido por Dios hasta convertirse también en divino."[19]

Esto último, según lo describe Milton Jordán, hace que cuando el hispano se convierte asuma conclusiones afines a la idea de que no hay Palabra de Dios sin palabra humana. Dios alcanza totalmente los textos inspirados, hasta en sus menores detalles.[20] Esta es una de las razones por las que el creyente hispano sacraliza y venera actividades y tradiciones porque él entiende que en estos elementos hay actividad divina. Luego lo confirma cuando en su cristología ve a Cristo totalmente divino y totalmente humano. De igual manera la Iglesia y la Escritura misma son totalmente divinas y totalmente humanas.

El Espíritu Santo

El Espíritu Santo es la tercera persona de la Trinidad. Él es la fuente de todo conocimiento, entendimiento y sabiduría. Su objetivo hacia el hombre es claramente revelado en la Escritura, para guiar al hombre hacia su destino final en la redención ofrecida por el Padre en su Hijo Jesucristo. El Espíritu Santo revela Cristo en la Palabra. Guía al hombre a entender el evangelio y a aceptar el plan de redención de Dios por medio de la fe. El Espíritu Santo desarrolla y estimula la fe y abre el entendimiento del creyente a fin de que éste pueda conocer a Dios en la persona de Jesucristo.

---

[19] Milton Jordán Chiqua, *Introducción General a la Sagrada Escritura* (Bogotá, Colombia: San Pablo, 2011), p. 166.

[20] Jordán, Introducción General a la Sagrada Escritura, p. 154.

Con el movimiento Pentecostal, la persona y misión del Espíritu Santo logra un alcance integrador.[21] Los pentecostales recobran la acción carismática del Espíritu Santo y completan el círculo integral de la misión de la Trinidad en la redención de la humanidad, donde el Padre, envía al Hijo y el Espíritu Santo revela y glorifica al hijo en su plenitud divina y humana para redimir a la humanidad.[22]

La iluminación del Espíritu es necesaria para entender la Escritura

La fe que entiende el plan de redención es originada en el poder iluminador del Espíritu Santo. Él es quien despierta la necesidad de Dios y quien hace que la Palabra sea accesible al entendimiento del individuo necesitado de salvación.[23] El Espíritu Santo hace que la Escritura cobre relevancia y se vuelva realidad en situaciones y contextos determinados, toda vez que esa revelación tenga como objetivo glorificar a Cristo Jesús y confirmar la verdad de la Palabra revelada de Dios.

El papel de la iluminación en la interpretación

Naturalmente en el proceso de interpretación de la Escritura se necesita la iluminación, la dirección y la revelación del Espíritu Santo. La "profundidad de las riquezas de la Palabra" (Romanos 11:33) puede ser accesible a la persona cuya motivación es propicia para entender las verdades de la Escritura. El Espíritu Santo convence al hombre de pecado y lo guía al arrepentimiento (Juan 16:8). Por medio

---

[21] Alexis Riaud, *La Acción del Espíritu Santo en las Almas* (Madrid, España: Ediciones Palabra, 2005), p. 163. Este clásico, católico, expone las nociones esenciales sobre el papel que le corresponde al Espíritu Santo en la obra de la santificación. Curiosamente mucha de la teología Neopentecostal utilizada entre los latinoamericanos está saturada de estos conceptos católicos sobre la misión del Espíritu Santo. En el caso particular de este autor, su obra apunta hacia la doctrina de la santificación, con lo cual se demuestra que no solamente el movimiento wesleyano evangélico ha influenciado al pentecostalismo latino.

[22] Elizabeth Salazar-Sanzana, "Pentecostalism in Latin America: A Look at its Current Challenges" en Harold D. Hunter y Neil Ormerod (eds.), *The Many Faces of Pentecostalism* (Cleveland, TN: CPT Press, 2013), pp. 114-25.

[23] Lucas Buch Rodríguez, *El Papel del Espíritu Santo en la Obra Reveladora de Dios* (Roma, Italia: Edizioni Santa Croce, 2013), 203. Este autor afirma que el desarrollo de la tradición tiene en el Espíritu Santo su principio activo primario.

de la fe, éste acepta la oferta salvadora de Jesucristo y se convierte en discípulo de Él para vivir su vida conforme a los valores, enseñanza y propósito de la Palabra.[24]

La revelación de Jesús Cristo en la Palabra

La verdad sobre la persona, misión y propósito de Jesucristo es revelada en la Palabra de Dios. Esta revelación ocurre bajo la influencia el Espíritu Santo sobre el entendimiento del hombre. Además, el Espíritu Santo llena al creyente y le capacita para servir eficientemente a través de dones espirituales que son útiles para el servicio cristiano.[25] Esto último es un legado profundo del pentecostalismo clásico norteamericano a la comunidad Latinoamericana.

---

[24] Gregory J. Ogden, *Manual del Discipulado: Creciendo y Ayudando a Otros a Crecer* (Barcelona, España: Editorial CLIE, 2006), pp. 37-45. Esta obra sobre discipulado cristiano forma parte de una colección teológica producida para Australia. Afortunadamente ha sido traducida al español, pero es significativo que este tipo de literatura no se encuentre con frecuencia en los círculos evangélicos y teológicos latinos. Me refiero a obras académicas destacables.

[25] Véase, Don Little, *The Way to Follow the Way* (Bloomington, IN: West Bow Press, 2012). Sin embargo, antes de citar a Little, hice una búsqueda entre las colecciones hispanas que le dedicaran específicamente atención al tema de las señales siguiendo a los creyentes y no encontré una que fuera académicamente sólida. Hay algunas enseñanzas y sermones predicados sobre el tema, pero la mayoría son traducciones del inglés al español. Por la naturaleza de este, el desafío es más evidente para los pentecostales, ya que son los que más se refieren al mismo. Los pentecostales viven de esto, no hay excusa.

FUENTES QUE ORIGINAN UNA HERMENÉUTICA HISPANA

	Tradiciones	Distintivos	Desafíos
El Método de Interpretación Integrador toma en cuenta a las tradiciones más influyentes sobre la hispanidad	Católica	Historia: Doctrina, teología, continuidad, tradición	Revitalización de la santidad y la vida espiritual
	Evangélica	Santidad: Orden en la iglesia, missio dei, disciplina	Conectarse con la actividad carismática del Espíritu Santo
	Pentecostal	Revitalización de la actividad del Espíritu Santo en la iglesia: Creatividad, nuevas posibilidades	Orden en la iglesia y encontrar su lugar en la continuidad histórica de la fe cristiana

Cuadro No. 3

El Testimonio de la Historia y la Influencia de la Tradición

El valor de la historia y el testimonio de la tradición en la interpretación de la Escritura se pueden apreciar en la formación doctrinal y teológica de las comunidades cristianas a través del tiempo. Al revisar los dogmas, las doctrinas y los enunciados teológicos de la iglesia, el intérprete de la Escritura llega a conocer la importancia de la tradición en la historia del pensamiento del pueblo de Dios.[26] La tradición puede tener un lado positivo y otro negativo. El aspecto positivo estimula la formación saludable que permite al creyente entender la Escritura en relación a su mundo. El lado negativo es aquel que detiene el progreso de la revelación y se queda fijado en tradiciones estáticas del pasado, que fueron relevantes a las generaciones anteriores, pero con el tiempo se volvieron irrelevantes e inútiles en las generaciones que siguieron.[27] El estudio de la tradición permite analizar lo positivo y lo negativo de las tradiciones pasadas para el beneficio de las generaciones actuales.

Este agente también toma en consideración a la metodología que ha sido usada históricamente para interpretar a las Sagradas Escrituras—el método histórico crítico, el gramático histórico, el inductivo y otros que han sido implementados particularmente en la exégesis bíblica.[28] El método integrador recurre a estos métodos para auxiliarse y comprobar la fidelidad del trato que se le da al texto bíblico. Al hacer esto, el método integrador reconoce la importancia y el valor de aquellos en el proceso histórico de interpretar la Palabra de Dios. En lo que se refiere a la exégesis, propiamente dicha, el método integrador utiliza los servicios de los métodos tradicionales. Aunque en la interpretación que está ligada a la predicación expositiva, éste se apoya más en el método inductivo.

El fundamento doctrinal

El impacto histórico de la Escritura en la historia humana se aprecia más en los fundamentos doctrinales y la teología que han sido desarrollados por el pueblo de Dios a través del tiempo.[29] Por ejemplo

---

[26] Juan Jesús García Morales, *La Inspiración Bíblica a la Luz del Principio Católico de la Tradición* (Roma, Italia: Gregorian & Biblical Press, 2012), pp. 173-9.

[27] Este tema es ampliamente discutido por Daniel Orlando Álvarez, *Towards a Pneumatological Hibridez: An Exploration of Mestizaje Through the Experience of Undocumented Immigration* (Doctoral Dissertation, Regent University, 2014), pp. 176-87.

[28] Véase, Bernhard Grom y José Ramón Guerrero, *El Anumcio del Dios Cristiano* (Salamanca, España: Ediciones Secretariado Trinitario, 1979), p. 161.

[29] Margit Eckholt, "Espacios de Paz: Nuevos Caminos de Teologías Interculturales de la Paz", *Teología* 53.119 (2018), pp. 115-27.

el credo de Nicea ha servido como fundamento doctrinal de la iglesia por muchos siglos y ha permanecido inmovible como testimonio del desarrollo doctrinal de la iglesia. El estudio de las corrientes eclesiales y teológicas de la iglesia a través de la historia ayuda al intérprete a entender el fundamento doctrinal y el pensamiento histórico del cristianismo.

La historia del pueblo de Dios

En la historia de la influencia de la Escritura sobre el pueblo de Dios se observa un alto contenido de verdades, dogmas, principios y símbolos que han sido archivados en la tradición.[30] Lógicamente la tradición, vista desde una perspectiva meramente humana está enmarcada dentro de un contexto diverso de acciones y decisiones tomadas en diferentes generaciones y contextos humanos. Para entenderla hay que analizarla en el contexto histórico en que se dio.

La historia del pensamiento cristiano

En la interpretación objetiva de la Escritura es necesario estudiar la historia de la tradición y el pensamiento histórico del pueblo de Dios. Hay verdades que fueron descubiertas hace mucho tiempo y no pueden ser ignoradas por el intérprete de hoy. Los símbolos y significados encontrados en el pasado poseen un gran valor para los que buscan evidencia histórica de la fe en el pasado.[31] El equilibrio entre la interpretación histórica de la tradición y la revelación de hoy

---

[30] John Barton, *La Interpretación Bíblica Hoy* (Barcelona, España: Editorial Sal Terrae, 2001), p. 25. El autor plantea la relación entre el moderno estudio "crítico" de la Biblia y los enfoques "precríticos" y "postcríticos." También estudia el lugar de la historia en el estudio de la Biblia, la relación entre la investigación cristiana y la judía y el reciente interés por la Biblia como literatura. Véase también la obra de Eduardo Arens, *Los Evangelios Ayer y Hoy: Una Introducción Hermenéutica* (Bogotá, Colombia: EEP, 2006), p. 205.

[31] José Saramango escribió una novela muy polémica, más que todo por su contenido, que hace una crítica literaria a la forma de en que tradicionalmente se asume algunos valores y creencias cristianas. Saramango no solo ganó el Premio Nóbel de Literatura con esta novela, sino que también provocó al estudio más objetivo de los valores de la tradición religiosa, especialmente de las enseñanzas católicas históricas. A eso se debe que incluya esa información editorial en mi artículo. José Saramango, *O Evangelho Segundo Jesus Cristo* (Lisboa, Portugal: Editorial Caminho SA, 1991).

conducen a una verdad revelada saludablemente para la necesidad y la realidad contemporánea.

La Autoridad de la Comunidad de Fe en la Interpretación de la Escritura

Este elemento en el método integrador está basado en la experiencia y el consejo de la iglesia. Una interpretación saludable de la Escritura necesariamente reconocerá el valor de la autoridad espiritual en la comunidad de fe, la asamblea de creyentes o la congregación misma.[32] La iglesia tiene un orden claramente establecido y es deber de los creyentes honrar dicho orden, eso mantiene relaciones saludables y permite que todos los miembros se ubiquen en el lugar que el Espíritu Santo les ha señalado en la congregación.

El examen de los creyentes

La comunidad de creyentes tiene la autoridad para evaluar la revelación que ha sido propuesta por un grupo o uno de los miembros de la comunidad. La sabiduría del grupo establece un balance con todos los elementos propuestos anteriormente y decide si la interpretación es correcta o no. Esto último fue establecido por el Apóstol Pablo para evitar desorden y desobediencia en las congregaciones (1 Corintios 14:29). El examen de la comunidad de fe es necesario para mantener el orden y la salud de la iglesia.[33]

La aprobación de la iglesia

Al igual que Cristo Jesús y la Escritura misma, la iglesia también tiene una naturaleza divina y otra humana. Contrario a lo que enseña el

---

[32] Véase, David Paul Henry, The Early Development of the Hermeneutic of Karl Barth as Evidenced by His appropriation of Romans 5:12-21 (Macon, GA: Mercer University Press, 1985), pp. 1-4.

[33] Los recursos académicos sobre el tema de la participación de la congregación en la interpretación del texto, en español, se encuentran en la literatura católica. La comunidad hispana suele recurrir a ellos en el proceso de interpretación. Lo más cercano a la comunidad latina se encuentra en los textos pentecostales que han aparecido recientemente en Latinoamérica. Desde la perspectiva evangélica hay una obra que puede ser citada para este propósito, Patrick R. Keifert, *Testing the Spirits: How Theology Informs the Study of Congregations* (Grand Rapids, MI: Eerdmans, 2009), p. 114.

dualismo, estas naturalezas son una constante en la revelación de Dios a la humanidad. Es Dios mismo quien decide irrumpir en la sociedad humana haciéndose accesible a través de la Escritura, visible en Jesucristo; además, revelado y entendido por medio del Espíritu Santo.[34] La iglesia, por lo tanto, tiene la mente del Espíritu Santo, quien le guía a toda verdad (Juan 16:13) y es capaz de decidir conforme a la mente de Cristo en cuestiones relacionadas con la interpretación y la aplicación de la Escritura, en la comunidad de fe.

Obediencia y sumisión a la autoridad espiritual

La obediencia y sumisión a la autoridad del gobierno de la comunidad de fe es indispensable en la aplicación del método integrador. El concepto de membresía cultiva la actitud de sumisión, en la que la salud del grupo o el beneficio de la comunidad es capital.[35] En las comunidades hispanas se enfatiza la importancia de someter todo asunto al consejo de la comunidad de fe a fin de encontrar equilibrio en el propósito de todo aquello que afecta al grupo o a un miembro de este. Un ejemplo de la interacción dinámica en la interpretación de la Escritura con la participación de estos cuatro agentes se encuentra en el capítulo 15 del libro de los Hechos de los Apóstoles. Veamos cómo se dio esa acción en la iglesia neotestamentaria.

La Práctica del Método Integrador en la Escritura

Durante el concilio de Jerusalén, los creyentes se reunieron para resolver un asunto teológico muy fundamental.[36] El tema era—la salvación por medio de las obras de la ley o la fe solamente. El

---

[34] María del Carmen Aparicio Valls, *La Plenitud del Ser Humano en Cristo* (Roma, Italia: Iura Editionis, 1996), p. 184. La autora reflexiona sobre la accesibilidad de Dios a la humanidad en la persona de Cristo, quien es revelado a la mente humana por el Espíritu Santo.

[35] Véase, W. T. Conner, *Doctrina Cristiana: las Doctrinas Fundamentales de la Fe Cristiana Expuestas con Claridad Bíblica* (El Paso, TX: Casa Bautista de Publicaciones, 2001), p. 55. Este un manual de doctrina evangélica clásica escrito desde muy temprano en el Siglo XX, y ha sido utilizado por diferentes generaciones evangélicas.

[36] Véase, Arnold B. Rhodes, *The Mighty Acts of God* (Louisville, KY: Geneva Press, 2000), pp. 318-9. Es muy interesante la presentación que hace sobre el Concilio de Jerusalén, según Hechos 15.

capítulo 15 del libro de los Hechos, sirvió como modelo para que los líderes de la iglesia utilizaran el método de interpretación que incluyera cuatro elementos básicos en la interpretación: (1) La dirección del Espíritu Santo, (2) la autoridad de la Escritura, (3) el testimonio histórico de la tradición y (4) el consenso de comunidad de fe. Hechos 16 describe una reunión donde se registra que la decisión del concilio fue una respuesta corporal e integral con relación al asunto de la admisión o no, de los gentiles a la plena comunión de la iglesia. Como resultado, Santiago pudo declarar con solvencia, "nos ha parecido bien al Espíritu Santo y a nosotros" (v. 28). Los participantes del concilio de Jerusalén tenían certeza de la dirección y la autoridad del Espíritu Santo en sus decisiones. Esto mismo es lo que determina la actividad central del Espíritu Santo en la tarea hermenéutica y en toda la vida de la iglesia en general.

Además, durante esa reunión el concilio apeló a la centralidad de las Escrituras, la dirección del Espíritu Santo en la experiencia de la fe, el testimonio de la tradición y la historia del pueblo de Dios y el uso de la razón consensuada de la comunidad de creyentes. Santiago dijo con plena certidumbre que la Escritura concordaba con el reporte misionero y el argumento de Pedro; y que todos los profetas, particularmente Amos, incluían a los gentiles en la familia de la iglesia, según el propósito eterno de Dios (vv. 14-18: cf. Amos 9:11-12). Por su parte, Pablo y Bernabé también presentaron su reporte de campo y contaron su experiencia misionera en la predicación del evangelio entre los gentiles (v. 12). Pedro les recordó a los miembros del concilio sobre su llamado personal de predicarle a los gentiles, particularmente con lo acontecido durante su visita a la casa de Cornelio y sus amigos (vv. 7-11).

Pero también es bueno señalar acá, que Santiago igualmente apeló e hizo uso del testimonio de la tradición cuando le pidió a los gentiles que observaran por lo menos aquellas cuatro prohibiciones basadas en la ley (vv. 20-21; cf. Lev. 17:8, 10-12, 13; 18:6-23). Pedro agregó, que los gentiles deberían ser aceptados en el seno de la iglesia, debido a la santificación por la fe y el derramamiento del Espíritu Santo que también ellos habían experimentado (vv. 8-11). De igual manera, Santiago volvió a argumentar con base en la ley y la tradición, que a los gentiles no se les requiriera la práctica de la circuncisión (vv. 13-21). Obviamente, fue bajo la dirección del Espíritu Santo como el concilio estuvo en común acuerdo y tuvo un final positivo para la iglesia.

Así queda claro que el método que funcionó en la Escritura fue integrador. Incluyó la Palabra de Dios con la dirección del Espíritu Santo, el testimonio de la historia y la tradición, y la confirmación de la comunidad de fe. Este mismo método de interpretación integrador puede ser aplicado en todas las comunidades cristianas hoy, particularmente en la hispana, donde dicha metodología podría funcionar adecuadamente y servir como puente en la diversidad de posiciones teológicas entre los latinos.

La Práctica del Método Integrador

Ejemplos prácticos del uso del método de interpretación integrador se observa continuamente en un gran número de iglesias contemporáneas. Por lo general, todo asunto, sea este doctrinal, espiritual, ético o de carácter congregacional, es sometido en oración, bajo la dirección del Espíritu Santo, primeramente a la autoridad examinadora de la Palabra. Seguidamente se consulta a la sabiduría de los ancianos de la iglesia para asegurarse que la interpretación de la Escritura, y los estatutos—doctrina, reglamentos, tradición— observados en la vida práctica de la iglesia, mantienen su lugar y que todo está en orden.[37] Esto ayuda a mantener un balance sano en todas las áreas, sean estas espirituales, organizacionales, éticas, sociales, o simplemente asuntos que tienen que ver con una buena comunicación.

Por lo general, en casos difíciles, los creyentes buscan la dirección del Espíritu Santo antes de proceder. Esta acción crea una conciencia espiritual que se manifiesta en una actitud de reverencia y humildad. Luego proceden a examinar el caso a la luz de la Palabra de Dios para observar si existe algo que sea confirmado o contrario a los principios de la Escritura. En ambos pasos se recurre a la sabiduría y a la admonición de los que presiden en la congregación. Estos juzgan si el juicio es correcto o incorrecto, si contradice o no el orden espiritual, bíblico y eclesial. En cada congregación hay un orden que tiene su base en estatutos denominacionales que han sido

---

[37] Carolina Rivera Farfán y Elizabeth Juárez Cerdi (eds.), *Más Allá del Espíritu: Actores, Acciones y Practicas en Iglesias Pentecostales* (México, DF: CIESAS, 2007), p. 165.

establecidos para mantener el orden en la iglesia. En algunos casos se tiene que recurrir a la investigación histórica para conocer cómo se manejó el asunto en generaciones anteriores o en situaciones históricas parecidas. Esta dinámica permite que el asunto sea resuelto correcta y consistentemente y que al final todas las partes involucradas queden satisfechas con las decisiones tomadas por la congregación. Este método es integrador porque involucra a todos los agentes necesarios que dan fe de una interpretación completa, balanceada y total.

Acá es necesario aclarar, que este método integrador, en realidad, no es nuevo, en la vida práctica de la iglesia ya ha sido o se ha venido practicado empíricamente en los círculos eclesiales, especialmente en aquellos donde la interpretación del texto no ha sido tan estricta o rigurosa. Así que esta concepción metodológica no es nueva. Lo que hago acá, más bien, es organizar metodológicamente lo que ya se ha venido practicando desde hace mucho tiempo atrás. Por ejemplo, los intérpretes pentecostales del siglo XX introdujeron formalmente al campo de la hermenéutica al método pneumático.

Desde esa plataforma el método pneumático se convirtió en la herramienta más utilizada por las iglesias contemporáneas en la interpretación de la Escritura. No obstante, estos fallaron al no tomar en cuenta el valor del testimonio ofrecido por los precedentes históricos de la interpretación y las tradiciones históricamente observadas por el pueblo de Dios. Para compensar esa deficiencia algunos intérpretes contemporáneos además del uso del método pneumático, se han apoyado en el método inductivo para la predicación y también han utilizado, empíricamente, los recursos de la historia y la tradición para confirmar la certeza de dicha interpretación. De esa manera es como surge la necesidad de organizar al método integrador, el cual es necesario para justificar el uso adecuado de todos los agentes que toman parte en el trato responsable del texto bíblico.

El espíritu, la comunidad y la escritura

Una hermenéutica pentecostal estratégica

Kenneth J. Archer

La siguiente estrategia interpretadora teológica abarca una relación de diálogo interdependiente con el Espíritu Santo, las Escrituras del cristianismo—la Santa Biblia—y una verdadera tradición narrativa eclesiástica en el proceso hermenéutico de la búsqueda de significado. Los lectores u oidores[1] de una comunidad *contextualizada,* con la Biblia y el Espíritu Santo, son parte de un diálogo interdependiente en el que participan de una negociación tridáctica para encontrar el significado teológico—una especie de triálogo. La estrategia interpretativa teológica propuesta emerge de la praxis pentecostal y del compromiso teológico con la Escritura y el Espíritu. Esta estrategia es producto de una tradición narrativa eclesiástica: una comunidad pentecostal.[2] Sin embargo, como *estrategia* de interpretación teológica, puede que esta no sea exclusiva del pentecostalismo, aunque orgánicamente ha surgido del pentecostalismo. Además, creo que, como estrategia de

---

[1] Este ensayo es un sumario condensado, con importante información adicional, añadido del sexto capítulo de mi libro, *A Pentecostal Hermeneutic. Spirit, Scripture and Community* (Cleveland, TN: CPT Press, 2009).

[2] Véase, Kenneth J. Archer, "A Pentecostal Way of Doing Theology: Method and Manner", *International Journal of Systematic Theology 9:3* (julio de 2007).

interpretación teológica, también podría ser beneficiosa para otras tradiciones cristianas. Es más, presento esta ponencia a los pentecostales y a otros cristianos, en un espíritu de diálogo franco y abierto.

Esta estrategia teológica afirma las contribuciones importantes que tanto el Espíritu Santo como la comunidad pentecostal aportan al proceso de interpretación de la Escritura.[3] El resultado es un cambio del énfasis más modernista de la iluminación euro-occidental a la hermenéutica individual y *su* compromiso con un método neutral y objetivo, que sea aceptable y correctamente aplicado al método científico. La historia de la comunidad pentecostal es el filtro principal a través del cual se lleva a cabo la interpretación bíblica.[4]

Esta estrategia no pretende ser una teoría completa de la interpretación, ni desea convertirse en un procedimiento metodológico estático. Más bien es producto de una comunidad cristiana y se basa en el modelo bíblico de Hechos 15, en ocasión del concilio de Jerusalén. Esta hermenéutica es de naturaleza conversacional y abraza el diálogo y una negociación tridáctica para encontrar el significado teológico—la Biblia, el Espíritu Santo y la comunidad—que están activamente involucrados en esta presentación. Al significado, entonces, se llega a través de un proceso dialéctico basado en un diálogo interdependiente entre la Escritura, el Espíritu y la comunidad de fe.[5] Es a través de esta conversación como los lectores y oyentes en la comunidad de creyentes descubren y crean el significado de la Escritura.

Este enfoque conversacional tridáctico, del significado, es necesario porque en todas las formas de comunicación se necesita un oyente o lector para completar el evento de la comunicación, para que se produzca el significado. Esto no implica que el pasaje bíblico

---

[3] Archer, *Spirit, Scripture and Community*, capítulos 3-5 para un análisis de las preocupaciones hermenéuticas pentecostales.

[4] Archer, *Spirit, Scripture and Community*, véase el capítulo 4.

[5] Véase John Christopher Thomas, "Women, Pentecostals and the Bible: An Experiment in Pentecostal Hermeneutics" en *Journal of Pentecostal Theology* 5 (1994), pp. 17-40. Esta hermenéutica se basa en Hechos 15, el Consejo de Jerusalén, que incluía tres componentes principales en el proceso de discernimiento teológico. Estos componentes son la comunidad de creyentes, la actividad del Espíritu Santo y la Escritura.

deba significar lo que una comunidad quiera o desee que signifique. Al contrario, el pasaje aludido debe ofrecer orientación y resistencia a los lectores.[6] Por tanto, el proceso se busca conocer y entender la intención del texto; es decir, se busca identificar dónde está el foco principal del mundo del texto.[7] Existe una relación dialéctica interdependiente entre el texto escrito y la comunidad de lectores. Por lo tanto, se lleva a cabo un evento de comunicación real, ya que el texto es leído y escuchado. El texto, que en este caso es un pasaje bíblico, desea ser inquietado por los lectores de una comunidad cristiana inteligente.[8] En nuestro caso, una comunidad Pentecostal.

Hasta cierto punto, el pasaje bíblico, como cualquier otro texto, está a merced de las personas de la comunidad. Sin embargo, una comunidad pentecostal debe dar al pasaje bíblico la oportunidad de interactuar con los lectores de tal manera que el pasaje cumpla su papel de diálogo mediante el evento comunicativo. Este debería ser el caso de la comunidad pentecostal, porque esta reconoce a la Biblia como el penúltimo testimonio escrito autorizado de la revelación divina, la palabra inspirada y escrita por Dios.[9] Además, la comunidad cree que la relación inspiradora del Espíritu con la Escritura puede hacer que hable clara y creativamente como Palabra de Dios a las situaciones y necesidades de la comunidad contemporánea. Por lo tanto, la comunidad de creyentes leerá la Biblia como la Sagrada Escritura que habla a las necesidades actuales

---

[6] Véase, Stephen E. Fowl, Engaging Scripture: A Model for Theological Interpretation (Massachusetts: Blackwell Publishers, 1998), p. 10. También J. Severino Croatto, Biblical Hermeneutics: Towards a Theory of Reading as the Production of Meaning (Maryknoll, NY: Orbis Books, 1987).

[7] Randolph W. Tate, *Biblical Interpretation: An Integrated Approach* (Peabody, MA: Hendrickson Publishers, 2008). El trabajo de Tate es beneficioso porque integra tres mundos contextuales en el proceso exegético. El mundo detrás del texto escrito (estudios históricos), el mundo en el texto (literario) y el mundo en frente al texto (lectura contextualizada/respuesta del lector/lecturas existenciales).

[8] Stephen E. Fowl y L. Gregory Jones, *Reading In Communion: Scripture and Ethics in Christian Life* (Grand Rapids, MI: Eerdmans Publishing Company, 1991), p. 8.

[9] Véase Kenneth J. Archer y Aaron Ross, "The Bible in Pentecostal Tradition" en *Your Word is Truth: The Bible in Ten Traditions*, editado por J. Michael West y Gunar Mägi (Publicaciones del CMI y Sociedad Bíblica Unida, 2018), pp. 139 a 157.

de la comunidad, permitiendo así que la comunidad tenga una relación completa con el Dios viviente.[10]

La estrategia teológica es hacer un enfoque *narrativo* de la comprensión y la creación de un significado lógico.[11] Estoy usando la narrativa de dos maneras: (1) como una categoría teológica general, y (2) como método para la interpretación bíblico. La narrativa como una categoría no es sólo una manera de comprender y dar sentido a todo el testimonio autorizado inspirado de Dios: la Escritura.[12] Acá quiero destacar la importancia de entender la Escritura como la gran meta narrativa con los Evangelios y Los Hechos. Estos libros son el corazón de la historia cristiana.[13] La Trinidad Social es la figura central del cristianismo, siendo Jesucristo el centro interpretativo de la historia bíblica; por lo tanto, una teología narrativa enfatizará la prioridad del Evangelio de Jesucristo (hablando literariamente los Evangelios y Hechos canónicos) y su significado para la comunidad cristiana y el mundo.[14]

---

[10] Véase Bobby L. Lynch Jr. y Kenneth J. Archer, "Listening to the South: Quichua-Ecuador contribution to an Affective Pentecostal Hermeneutic" en Vinson Synan, Amos Yong y Miguel Alvarez (eds.), *Global Renewal Christianity: Spirit-Empowered Movements Past, Present, and Future, vol. II: Latin America* (Vol. II, Lake Mary, FL: Charisma House Publishers, 2016), pp. 187-200.

[11] Para una explicación informativa del significado de la narrativa como categoría teológica para la comprensión de las Escrituras, véase Joel B. Green, "The (Re-)Turn to Narrative" en Joel B. Green y Michael Pasquarello (eds.), *Narrative Reading, Narrative Preaching: Reuniting New Testament Interpretation and Proclamation* (Grand Rapids, MI: Baker Academic, 2003), pp. 1-36.

[12] Amos Yong se refiere a ella como una hermenéutica lucana que incluye un enfoque pneumatológico, y la importancia de Pentecostés. Ver el suyo, *The Hermeneutical Spirit: Theological Interpretation and Scriptural Imagination for the 21 Century* (Eugene, OR: Cascade Books, 2017), Véase, específicamente la Introducción.

[13] Gerard Loughlin, *Telling God's Story: Bible, Church and Narrative Theology* (Cambridge: Cambridge University Press, 1996). Véase también, Loughlin, "The Basis and Authority of Doctrine" en Colin E. Gunton (ed.), *The Cambridge Companion to Doctrine* (Cambridge: Cambridge University Press, 1997), pp. 41-64.

[14] Edgar V. McKnight, *Post-Modern Use of the Bible: The Emergence of Reader-Oriented Criticism* (Nashville, TN: Abingdon Press, 1988), pp. 14-5. Según McKnight, la perspectiva posmoderna que permite a los lectores utilizar la Biblia hoy en día es la de una crítica literaria radical orientada al lector, una crítica que ve la literatura en términos de lectores y sus valores, actitudes y respuestas. Una crítica radical orientada al lector es posmoderna en el momento de que desafía la suposición

La estrategia de lectura a la narrativa pentecostal es un método interpretativo *centrado en el texto* y orientado *al lector*.[15] El conocimiento como entendimiento significativo se basará y se relacionará con la vida humana porque "el único tipo de conocimiento (teológico y teórico) que realmente cuenta es el conocimiento basado en la vida."[16] "Lo que significa, que la interacción con la Escritura ya no se ve en términos de una 'causa' original o un 'efecto' final, sino en términos de relación."[17] Tal significado se alcanza relacionalmente, a través de un proceso trialéctico basado en una relación dialogante interdependiente entre la Escritura, el Espíritu y la comunidad.

La realidad de que los seres humanos malinterpretan los textos y resisten al Espíritu complica aún más el proceso interpretativo. Por lo tanto, la advertencia de John Goldingay debe tomarse en serio, "aquellos que fingen ser objetivos y críticos y luego encuentran sus propias preocupaciones en los textos que estudian necesitan tomar una dosis de auto-sospecha."[18] Los intérpretes deben practicar una "hermenéutica de la sospecha" y una "hermenéutica de la recuperación".[19] Además, añadiría a una hermenéutica del amor, mientras negocian lecturas creativas y constructivas significativas de las Escrituras basadas en el deseo de la comunidad pentecostal de vivir fielmente relacionada con Dios. En el resto de este ensayo, esbozaré una estrategia interpretativa teológica que abarca una

---

crítica de que un lector desinteresado puede acercarse a un texto objetivamente y obtener conocimiento verificable mediante la aplicación de ciertas estrategias científicas. Un enfoque radical orientado al lector ve las estrategias, los criterios de crítica y verificación, la 'información' obtenida por el proceso, y el uso de dicha 'información' a la luz del lector.

[15] McKnight, Post-Modern Use of the Bible, p. 19.

[16] McKnight, Post-Modern Use of the Bible, pp. 22-3.

[17] John Goldingay, *Models for Interpretation of Scripture* (Grand Rapids, MI: Eerdmans, 1995), p. 45.

[18] Paul Ricoeur, *Freud and Philosophy: An Essay on Interpretations* (New Haven, CT: Yale University Press, 1970), p. 27. El autor argumenta que "La hermenéutica parece animada por esta doble motivación: disposición a sospechar, voluntad de escuchar; *voto de rigor, voto de obediencia*'."

[19] Véase, Kenneth J. Archer y Louis Oliverio Jr. (eds), *Constructive Pneumatological Hermeneutics in Pentecostal Christianity* (Nueva York, NY: Palgrave Macmillan, 2016); también, Lee Roy Martin (ed.), *Pentecostal Hermeneutics: A Reader* (Leiden, Países Bajos: Brill, 2013).

negociación tridáctica para el significado entre el texto bíblico, el Espíritu Santo y una comunidad de fe.[20]

La contribución del texto bíblico

Para que un evento comunicativo tenga lugar debe haber espacio entre un texto, una entidad estable pero poco predeterminada, y un lector en comunidad. El lector en comunidad interpreta el texto escrito en un intento de entender al texto, completando así el acto comunicativo. La semiótica, es una teoría que enfatiza tanto el espacio entre el lector y el texto, como el vínculo dialéctico necesario entre el lector y el texto en la producción de significado.

Teoría semiótica

La teoría semiótica se refiere al estudio de los signos como transportadores de significado.[21] La teoría semiótica en lo que se refiere a la lingüística se refiere tanto al "acto del discurso", ya sea escrito o hablado, como al "lenguaje" en el que funciona el acto del habla.[22] Abrams escribe que el objetivo de la teoría semiótica "es considerar la *libertad condicional* (una sola expresión verbal, o un uso particular de un signo o conjunto de signos) como sólo una manifestación del *langue* (es decir, las diferenciaciones implícitas del sistema general y las reglas de combinación que subyacen y hacen posible un uso particular de los signos)."[23] En otras palabras, el lenguaje (*langue*) es un sistema de signos y leyes que regulan la gramática y la sintaxis, una especie de "canon" que establece pautas de significado.[24] Significarlo en el sentido de lo que una "voz y acción" están diciendo gramaticalmente no se ve como un signo

---

[20] Terence Hawkes, *Structuralism and Semiotics* (Berkeley y Los Angeles, California: University of California Press, 1977), p. 124.

[21] M. H. Abrams, *A Glossary of Literary Terms* (Orlando, Florida: Harcourt Brace College Publishers, 1999), p. 280

[22] Abrams A Glossary of Literary Terms, p. 280

[23] Croatto, Biblical Hermeneutics, p. 13.

[24] Paul Ricoeur, "Biblical Hermeneutics", *Semeia* 4 (1975), p. 81.

referencial sobre lo que se refiere históricamente.[25] Discurso *(parole)* "es el *acto* que ejecuta las posibilidades dadas que residen dentro de un sistema de signos."[26] Para que la comunicación ocurra, tanto el escritor/vocero como el lector/escucha deben tener buena competencia en el idioma *(langue)*. Por lo tanto, la teoría semiótica enfatiza la transacción de significado entre textos y lectores, involucrando así al lector en la producción de significado, con el fin de completar el evento de la comunicación.[27]

La Biblia es una colección de acciones, de palabras y escritura. Por lo tanto, la teoría semiótica puede proporcionar información y orientación que son útiles para una estrategia hermenéutica teológica que aprecie el potencial formacional de los textos. No quiero confundir a la teoría semiótica con la hermenéutica teológica o incluso bíblica. En cambio, deseo abordar una estrategia hermenéutica pentecostal a través de la teoría semiótica porque la semiótica reconoce la distancia necesaria entre el lector y el texto, haciendo hincapié en las importantes contribuciones tanto del texto como del lector en la realización del significado. Este espacio entre el horizonte del lector y el horizonte del texto crea una necesidad de conversación real. Por lo tanto, una estrategia interpretativa semiótica será la más propicia para los pentecostales (y yo sugeriría a los cristianos) porque permite una interacción dialéctica interdependiente y abierta entre el texto y la comunidad lectora en la creación de significado. Sin embargo, acá la Sagrada Escritura en su forma canónica final es el foco de estudio. Además, la Escritura es el principal fondo semiótico que permite y restringe, guía y juzga el significado teológico para la interpretación teológica.

Desde un punto de vista semiótico, el texto contiene señales latentes pero potentes en cuanto a cómo desea ser entendido. La manera de *ver* y *escuchar* estas señales es a través de un análisis cercano (formalista) del texto, el cual es iluminado por el contexto cultural social en el que fue escrito. La hermenéutica pentecostal afirmaría la

---

[25] Croatto *Biblical Hermeneutics*, p. 14. Véase también Abrams, *A Glossary of Literary Terms*, p. 141.

[26] Estoy siguiendo el argumento de J. Severino Croatto en *Biblical Hermeneutics*, p.10.

[27] J.P. Louw, "Reading a text as Discourse", en David Alan Black (ed.), *Linguistics and New Interpretation: Essays on Discourse Analysis* (Broadman Press, 1992), pp. 17-8.

importancia del género del pasaje, junto con las reglas gramaticales de la lengua a la que pertenece el discurso o acto específico. Sin embargo, el texto se analizaría desde una perspectiva literaria más formalista, al tiempo que se afirma la importancia del contexto cultural social e histórico en la perspectiva del texto, mientras afirma la importancia social donde surgió. Luego entonces, el significado de la Escritura se negocia a través de la conversación entre el texto, la comunidad y el Espíritu. El mundo detrás del texto informa pero no controla la conversación.

En resumen, la teoría semiótica afirma que existe un vínculo dialéctico interdependiente entre el texto y los lectores. La semiótica también ve el texto como una entidad sub determinada pero estable que afirma al lector como un componente necesario en el evento comunicativo y la creación de significado. El texto debe ser respetado como un socio dialogado en el evento comunicativo. Por lo tanto, la actividad semiótica es un aspecto crítico útil de la interpretación teológica.

Significado y horizonte

Las palabras a menudo tienen mucho significado. Al respecto, el lingüista y traductor de la Biblia J. P. Louw afirma:

> Hay varios niveles de significado: significados de palabras (ya sean léxicos o contextuales), significados de frases y significados del discurso. Lo peor ocurre cuando los lingüistas insisten en que el significado de una frase no es simplemente la suma total de los significados de las palabras que componen la frase y, del mismo modo, que los discursos no son una cuestión de significados de frases unidas. Leer un texto implica mucho más que leer palabras y oraciones. Esto implica que una lectura primaria del texto no es necesariamente la lectura 'correcta', en términos de la intención del autor original. Es simplemente la lectura que corresponde a lo que las características sintácticas y semánticas (que se extienden a todos los signos semióticos posibles) del texto permiten dentro de un entorno particular.[28]

---

[28] J. P. Louw, "Reading a Text as Discourse", p. 18.

La interpretación, incluso cuando el foco es el "mundo del texto" lingüístico, es un proceso muy complejo. Y cuando agregas que no hay comprensión de un texto hasta que alguien lo lee u escucha, has ampliado aún más la comprensión semiótica para incluir lectores/comunidades interpretativas, el llamado "mundo frente al texto". Interpretar un texto o una lectura cercana de un texto implica múltiples preocupaciones que están teniendo lugar simultáneamente, e incluso subconscientemente. Louw añade otros estados,

> al menos tres conjuntos principales de características condicionan la lectura [de un texto]: *características extra lingüísticas* como la hora y el lugar, tipografía, formato, presentación de encuentro, y antecedentes e historia del texto. También incluye características lingüísticas como puntuación, entonación, pausa, actos del habla, género (por ejemplo, épico, lírico, drama, conversación, parábola), tipos de discurso (narrativa, exposición, descripción, diálogo, listas), funciones de comunicación (informativa, imperativa, emotiva, faltica, etc.). Estas características lingüísticas, todas forman parte de la estructura de un texto.[29]

Todo esto se incluye en lo que la hermenéutica filosófica llama el 'horizonte del texto'. Debemos apreciar y respetar el horizonte del texto bíblico, que un período particular en el tiempo hubo un autor y a través de este texto pretende comunicarse. Además, afirmo la importancia de la exégesis bíblica como parte importante de la interpretación. Las preocupaciones socioculturales históricas tienen más que ver con el mundo detrás del texto que el propio texto, pero sin duda este mundo habilitó y contribuyó a la producción del texto. A continuación, nos acercaremos al texto. En el establecimiento de nuestro horizonte de entendimiento del texto, debemos respetarlo y no confundirlo con nuestro horizonte.[30]

---

[29] La noción de horizonte es de Hans-Georg Gadamer, ver su *Truth and Method* (Nueva York: Continuum Publishing Group, 2004). Véase también, Merold Westphal, *Whose Community? Which Interpretation? Philosophical Hermeneutics for the Church* (Grand Rapids: Baker Academic, 2009).

[30] Para una introducción a la exégesis básica, que afirma las tres dimensiones discutidas, véase Michael J. Gorman, *Elements of Biblical Exegesis: A Basic Guide for Students and Ministers* (Peabody, Massachusetts: 2001).

Una interpretación exegética pentecostal de la Escritura puede definirse como una investigación cuidadosa y una conversación 'atenta' con el Espíritu Santo y la Escritura, mientras examinamos de cerca las dimensiones primarias de un texto bíblico. Las dimensiones de un texto son literarias, histórico-culturales y teológicas.[31]

La dimensión literaria afirma la Biblia como comunicación escrita en un idioma particular (hebreo y griego). Investiga cómo el pasaje, como una pieza de literatura transmite significado lingüísticamente hablando.

La dimensión histórico-cultural aprecia que los escritores de la Escritura vivieron en un pasado que fue moldeado por costumbres y prácticas culturales particulares que arrojan luz sobre el significado del texto de maneras importantes. La brecha histórica es la distancia entre nuestro horizonte y el horizonte de los textos bíblicos. La distancia implica tiempo, idiomas, costumbres socioculturales, sistemas económicos y cosmovisión.

La dimensión teológica afirma que la Biblia es una historia teológica general y está interesada en textos particulares como algo a comprometer. Aquí el enfoque se centra en la formación y transformación más que en la acumulación de información. Una lectura cercana y atenta puede dar lugar a un encuentro experiencial con Dios. El texto bíblico es ante todo un acto teológico de comunicación, que afecta a la formación espiritual personal y comunitaria.

Yo diría que nuestro horizonte actual hace más que cerrar la comprensión potencial creando así una restricción de la vista, pero también, y aún más importante, abre una nueva comprensión del texto, que amplía el horizonte de los respectivos oyentes. Creo que vale la pena repetirlo: Leer un texto implica que hay múltiples preocupaciones que están teniendo lugar simultáneamente, e incluso subconscientemente. Por lo tanto, el hermeneuta debe tomar en serio

---

[31] Véase Sandra M. Schneiders, "Feminist Hermeneutics" en Joel Green (ed.), *Hearing the New Testament: Strategies for Interpretation* (Grand Rapids, MI: Eerdmans Publishing Company, 1995). Schneiders escribe: "Aquellos que siguen esperando que el texto bíblico sea susceptiblemente de una hermenéutica liberadora deben pasar por el camino de la sospecha a la recuperación. La sospecha conduce a la crítica idealista. Pero la crítica idealista está entonces al servicio de la promoción y la reconstrucción", p. 352.

a las comunidades interpretativas y a la narrativa que contribuye y da forma a su horizonte.

La contribución de una comunidad pentecostal

El razonamiento moral es parte de la tradición histórica, y está arraigado en una tradición narrativa particular. Los métodos y lecturas interpretativos dependen de una comunidad hermenéutica. En la negociación del significado, la comunidad es un componente importante y necesario de la hermenéutica. Con el fin de producir una lectura *pentecostal* de la Escritura, la identidad de uno debe ser formada por las comunidades pentecostales.

Reconozco que todas las lecturas interpretativas son lecturas contextualizadas, culturalmente dependiente y contienen intrínsecamente cierta cantidad de perspectivas ideológicas de la comunidad. Además, tanto el método interpretativo como las lecturas comunitarias están anclados en determinados modos socioculturales existencialistas. Los enfoques hermenéuticos reflejan las perspectivas socio teológicas de quienes las utilizan. Esta estrategia eclesiástica afirma esta realidad, por lo tanto, se ratifica la importancia de practicar una hermenéutica de la sospecha y la recuperación de la postura de la fe.[32]

La estrategia afirma una postura hermenéutica orientada a la praxis, porque la actividad interpretativa se genera en la experiencia concreta actual de vivir en la comunidad pentecostal, que es animada por el Espíritu Santo. La comunidad se aproxima al texto bíblico con preocupaciones y necesidades específicas. La comunidad espera que las Escrituras hablen de su situación actual, ya que la comunidad de creyentes aprecia al texto de su particular contexto sociocultural. La comunidad también escucha la voz del Espíritu y busca los signos del Espíritu mientras se involucra conversacionalmente con las Escrituras.[33]

---

[32] Por ejemplo, véase Kenneth J. Archer y Richard E. Waldrop, "Liberating Hermeneutics: Toward a Holistic Pentecostal Mission of Peace and Justice" en *JEPTA* (2011.1).

[33] Véase John Christopher Thomas, "Reading the Bible from within Our Traditions: A Pentecostal Hermeneutic as Test Case" en Joel B. Green y Max Turner (eds.), *Between Two Horizons: Spanning New Testament Studies and Systematic Theology* (Grand Rapids, MI: Eerdmans, 2000), p. 120-2.

Una comunidad hermenéutica eclesiástica: una comunidad pentecostal

La hermenéutica pentecostal debe estar en conversación con una comunidad pentecostal y en sintonía con las necesidades y aspiraciones concretas de la comunidad pentecostal.[34] Esta estrategia afirma la necesidad del hermeneuta que vive entre la comunidad pentecostal. Por lo tanto, el énfasis de la hermenéutica caerá sobre los métodos literarios y narrativos con el contexto del lector en comunidad proporcionando el filtro hermenéutico y el espacio para la comprensión y la finalización del evento comunicativo.[35]

La hermenéutica pentecostal, que es educada por la academia, también debe ser un participante dentro de la comunidad pentecostal plena; es decir, la persona debe entender su identidad cristiana para ser pentecostal. Para ser incluido como parte de la comunidad pentecostal, ella debe abrazar las convicciones narrativas centrales del pentecostalismo. La historia pentecostal debe estar entrelazada en su historia personal. Esto no implica que uno no deba preocuparse por las otras tradiciones cristianas ni intentar entender la Escritura desde un método y una perspectiva diferentes. Esto significa que la identidad espiritual-teológica de uno se forma y se educa participando en una comunidad pentecostal.

Los hermeneutas (ya sea un laico, clero y o académico) compartirán su historia (testimonio) y recibirán un importante amén, de afirmación de parte de la comunidad. Por lo tanto, uno necesitará tener un testimonio claro y convincente en cuanto a su relación experiencial con el Señor Jesucristo. El corazón de la historia pentecostal es el 'Evangelio completo', que sirve como convicciones narrativas centrales de la comunidad pentecostal.[36] El Evangelio completo o Evangelio quíntuple es una articulación doxológica relacional de la obra redentora de Jesús. Jesús es Salvador (Liberador), Santificador, Bautizador espiritual, Sanador y Rey que viene pronto, o variaciones sobre esos temas. Esto no significa que

---

[34] Thomas, "Reading the Bible from Within our Traditions", p. 121.

[35] Véase, Wolfgang Vondey (ed.), *El Manual de Routledge sobre Teología Pentecostal* (Nueva York, NY: Routledge, 2020).

[36] Wolfgang Vondey, *Pentecostal Theology: Living the Full Gospel* (Londres y Nueva York: Bloomsbury T&T Clark, 2017), pp. 1-10.

un hermeneuta pentecostal deba haber experimentado todas las dimensiones del Evangelio completo, sino que la persona debe estar dispuesta a participar en la historia pentecostal. De esta manera, el teólogo es una extensión y participante de la comunidad, moldeada por la historia y no simplemente un lector individual aislado.

El intercambio de testimonios siempre implica y requiere discernimiento desde dentro de la comunidad. Por lo tanto, uno no es un hermeneuta pentecostal porque utiliza un método pentecostal, porque no existe tal cosa como un método pentecostal único. Más bien, uno es un hermeneuta pentecostal porque es reconocido como parte de la comunidad de fe, moldeado por el *ethos* histórico de la congregación. La comunidad, junto con sus preocupaciones y necesidades, es la arena principal en la que participa un hermeneuta pentecostal. La comunidad participa activamente en la hermenéutica pentecostal no pasiva sino activamente, a través de la adoración, la discusión, el testimonio y los dones carismáticos, etc.[37]

En general, pero no siempre los hermeneutas bíblicos y teológicos formados académicamente tendrán un papel de liderazgo activo en la comunidad pentecostal, ya sea como pastor, maestro o líder laico. Hay que apreciar que la mayoría de los pentecostales que forman parte de las comunidades educativas académicas también son ministros que poseen credenciales de denominaciones pentecostales clásicas y ministran en congregaciones pentecostales-carismáticas.

La estrategia hermenéutica pentecostal sostiene que el lugar para escuchar la Palabra de Dios, en vivo, es en el contexto actual en el que uno vive. Las palabras pasadas de Dios (Escritura) hablan entonces una Palabra de Dios presente, que debe ser creída y obedecida. El punto de vista del lector/intérprete no debe ser descartado, sino discernido. Esto no significa que la Escritura no pueda resistirse al punto de vista del lector. Significa que la comunidad de lectores/oidores/ juega un papel importante en lo que se encuentra en las Escrituras y luego lo que se convertirá teológicamente debido al significativo entendido por la comunidad.

---

[37] Véase, Mark J. Cartledge, *Practical Theology: Charismatic and Empirical Perspectives* (London, UK: Paternoster Press, 2003), pp. 52-60, para una importante discusión epistemológica sobre la función del testimonio en las comunidades pentecostales y carismáticas.

Los pentecostales reconocen que la Escritura es una voz autorizada en la comunidad, que es capaz de transformar vidas a medida que es inspirada de nuevo por el Espíritu Santo. Los pentecostales, como los cristianos en general, querrían escuchar a la Escritura en sus propios términos, ante todo. Sin embargo, el oído de la Escritura se filtra a través de la tradición de la narrativa pentecostal. Como resultado de esto, existe un vínculo dialogante y dialéctico interdependiente entre la comunidad de fe y la Escritura, con el objetivo de producir una transformación comunitaria y social.

Crítica narrativa: El método general

Los lectores (hermeneutas) en comunidad seleccionan ciertos métodos que utilizan para interpretar textos. Una de las contribuciones importantes del hermeneuta es el método interpretativo. El método no está aislado de la persona, sino que se convierte en una herramienta que el hermeneuta utiliza en la negociación creativa del significado teológico.

Un enfoque narrativo permite la interacción dialéctica del texto y el lector en la negociación del significado. Los pentecostales por su propia naturaleza son inherentemente narradores. Principalmente transmiten su teología a través de medios orales.[38] Han sido condicionados a involucrarse en la Escritura como historia. La Biblia se entiende como una gran historia: una meta narrativa.[39] Por meta narrativa, me refiero a una gran historia por la que las sociedades

---

[38] W. J. Hollenweger, "The Pentecostal Elites and the Pentecostal Poor: A Missed Dialogue?" en Karla Poewe (ed.), *Charismatic Christianity as a Global Culture* (Columbia, SC: University of South Carolina Press, 1994), p. 201.

[39] Por la meta narrativa, me refiero a una gran historia por la que las sociedades humanas y sus miembros individuales viven y organizan sus vidas de maneras significativas. La meta narrativa cristiana se refiere a la historia cristiana general sobre el significado del mundo y el Dios que lo creó y el lugar de la humanidad en este. La meta narrativa cristiana depende principalmente de la Biblia para esta narrativa general. Para un esquema básico de la 'Historia' de la meta narrativa cristiana, véase Gabriel Fackre, *The Christian Story: A Narrative of Basic Christian Doctrine* (Grand Rapids, MI: Eerdmans, 1996), pp. 8-9. Fackre escribe que "Creación, Caída, Alianza, Jesucristo, Iglesia, Salvación, Consumación, son actos en el drama de la vida cristiana" con el entendimiento de "que hay un Dios que crea, reconcilia y redime con la palabra" como a la 'Historia'." Véase también, Craig G. Bartholomew y Michael W. Goheen, *The Drama of Scripture: Finding Our Place in the Biblical Story* (Grand Rapids, MI: Baker Academic, 2004).

humanas y sus miembros individuales viven y organizan sus vidas de maneras significativas. La meta narrativa cristiana se refiere a la historia cristiana general sobre el significado del mundo, el Dios que lo creó y el lugar de la humanidad en él. El meta narrativo cristiano depende principalmente de la Biblia para su narrativa general y la comprensión de las comunidades de creyentes de la historia de la redención. Por lo tanto, un enfoque teológico narrativo con un aprecio por la respuesta de los lectores permitiría a la comunidad pentecostal no sólo interpretar críticamente a la Escritura, en su horizonte, sino también dejar que la Escritura los interprete críticamente a ellos, a través del albedrío del Espíritu.

La preocupación de la Crítica a la Narrativa es similar a la preocupación semiótica, pues mantiene un vínculo dialéctico entre el lector y el texto. Este enlace entre el texto y el lector insiste en que el lector responda al texto de maneras que son señaladas por el texto, para la producción de significado. Por lo tanto, el lector contextualizado contemporáneo empírico en la comunidad de fe es un participante activo en la producción de significado. El significado del texto no se encuentra simplemente en el texto, ni se encuentra simplemente en el lector, sino que nace en la interacción dialéctica del lector con el texto.[40]

Esta tensión interpretativa dialéctica no es simplemente un movimiento lineal del significado del texto al lector, como si en el sentido interpretativo literario clásico ese significado se encuentra intrínsecamente y en su totalidad en el texto. Tampoco se le da al lector que interprete el significado de cualquier manera que satisfaga sus preocupaciones creativas, lo que desde esa perspectiva permite al lector estar sobre y en contra del texto. Una vez más, se produce un significado a medida que el lector reproduce la intención del texto a través de la interacción dialéctica interdependiente y constante entre texto y el lector, que son necesarios para una negociación creativa del significado. Por lo tanto, ni el lector ni el texto deben dominar la negociación del significado.[41] El lector y el texto deben trabajar

---

[40] Mark Allen Powell, *What is Narrative Criticism?* (Minneapolis, MN: Fortress Press, 1990), pp. 17-8.

[41] Wolfgang Iser, *The Act of Reading: A Theory of Aesthetic-Response* (London, UK: Routledge, 1978), p. 34-5.

juntos en la actualización de los significados potenciales del texto, a través del proceso de lectura.[42] El lector en comunidad y el texto producido por un autor en comunidad hacen diferentes tipos de contribuciones a la producción de significado, lo que permite que el evento comunicativo tenga éxito. Este proceso interactivo dialéctico y dialogante interdependiente se ve reforzado por la preocupación de la Crítica Narrativa, por seguir la trama en desarrollo y su interacción con personajes, escenarios y eventos en el mundo de la historia de la narrativa bíblica. Esto también permite que las críticas narrativas se aten en la crítica de respuesta del lector.[43]

En resumen, la Crítica Narrativa ofrece un enfoque interpretativo centrado en el texto, el cual permite que el contexto sociocultural en el que se generó el texto informe al lector contemporáneo y así arrojar luz sobre el texto, pero de ninguna manera permite que el mundo detrás del texto domine o controle la interpretación del texto. En cambio, el texto es apreciado por lo que es: una narrativa; por lo tanto, el intérprete se ocupa de las características poéticas y la estructura de la historia como un mundo en sí mismo. El texto invita al lector a negociar el significado a través de un proceso dialéctico de lectura. Algunos críticos están preocupados por seguir las pistas responsivas de la narrativa desde la perspectiva de su lector implícito. Sin embargo, el lector implícito (ya sea una construcción hipotética del texto o una construcción hipotética en la mente del lector empírico) requiere la participación del lector empírico en la producción de significado. Esto afirma la importancia de la crítica de respuesta del lector. Un enfoque de respuesta de lectores narrativos permitiría al texto dar orientación formativa sin determinar la respuesta real de los lectores.

La imaginación del verdadero lector formado en la comunidad de fe es vital para la capacidad del lector para comprender al texto. De

---

[42] Iser, *The Act of Reading*, pp. 34-5.

[43] Stephen D. Moore, *Literary Criticism and the Gospels: The Theoretical Challenge* (New Haven, CT: Yale University Press, 1989), pp. 72-3. Moore señala correctamente que la crítica de respuesta del lector no es "una crítica conceptualmente unificada; más bien es un espectro de posiciones contrastantes y conflictivas", p.72. También Powell, *What is Narrative Criticism?* p. 21, que escribe, "la crítica narrativa y los modos dialécticos ('con el texto') de la respuesta de los lectores son más similares y eventualmente pueden llegar a ser indistinguibles."

esta manera, una pentecostal leería la Biblia como ella/él haría con cualquier otro texto o experiencia; es decir, a través de la utilización de la imaginación teológica, formada y formulada en la comunidad pentecostal, por medio de su tradición narrativa mientras escuchaba o discernía al Espíritu.

La comunidad de creyentes, junto con los posibles entendimientos de las Escrituras, se convierte en el participante necesario en el proceso interpretativo en curso. La comunidad involucra al texto bíblico y por lo tanto produce lecturas significativas de maneras que intentan mantener una relación dialogante, interactiva e interdependiente entre el texto y la comunidad. La comunidad, no un lector aislado, negociará el significado a través de la discusión y el discernimiento como un discurso directo a la comunidad. Al hacerlo, la comunidad seguirá siendo más fiel al proceso interpretativo de la comunidad cristiana del siglo I y luego al individuo aislado del tiempo actual.[44] Como Richard Hays argumenta al examinar los escritos del apóstol Pablo,

> Nuestro relato de la actividad interpretativa de Pablo no ha descubierto ningún procedimiento exegético sistemático en juego en su lectura de las Escrituras. Sus comentarios [de Pablo] hacen hincapié característicamente en la inmediatez de la palabra del texto a la comunidad en lugar de proporcionar reglas específicas de lectura. Pablo lee el texto como una referencia directa a sus propias circunstancias [y], que la Escritura se lee con la razón, como una palabra de dirección a la comunidad escatológica [presente] del pueblo de Dios.[45]

En resumen, esta estrategia hermenéutica pentecostal abarcará una metodología narrativa crítica, al mismo tiempo que afirmará a la comunidad pentecostal en la tarea de la elaboración hermenéutica. La interpretación es el resultado de una negociación

---

[44] Véase, Richard B. Hays, *Echoes of Scripture in the Letters of Paul* (New Haven, CT: Yale University Press, 1989), pp. 161, 183-5. Hays argumenta que "si aprendiéramos de Pablo a leer las Escrituras, la leeríamos principalmente como una narración de promesas y elecciones ecclesiocéntricamente al servicio de la proclamación como participantes en el drama escatológico de la redención."

[45] Hays, *Echoes of Scripture*, pp. 160, 166; véase también McGrath, *The Genesis of Doctrine*, p. 56.

creativa, pero fiel del significado, y este significado está preformado desde el contexto particular de un lector real de la comunidad de fe. Croatto argumenta que la Biblia es una palabra viva presente para la comunidad de creyentes. "Como resultado, lo que es realmente relevante no es lo que está 'detrás' de un texto, sino lo que está 'adelante'; lo que sugiere que la interpretación contiene un mensaje pertinente para la vida de quien lo busca."[46] Por lo tanto, es la lectura de la Escritura de una nueva praxis y en la comunidad la que abre significados válidos pero múltiples de los textos bíblicos.

Por lo tanto, una lectura pentecostal no sólo prestaría atención a las características poéticas y a la estructura del texto, sino que también afirmaría plenamente la importancia de la participación de la comunidad cristiana contemporánea en la creación de significado con el propósito de vivir fielmente como la iglesia. El modelo pentecostal desearía mantener la creación de significado en la tensión dialéctica interdependiente creativa entre el texto y la comunidad, que siempre se está moviendo a contextos nuevos y diferentes. De esta manera, la creación de significado es una cooperación constructiva y continua entre el texto y la comunidad de fe. La convicción teológica de la comunidad pentecostal de que la palabra escrita de Dios habla a la actual comunidad escatológica tiende puentes entre el pasado y el presente permitiendo una libertad creativa fiel en los actos de interpretación de la comunidad.

La principal restricción que emplean los pentecostales contemporáneos para, limitar su libertad interpretativa es su tradición, y esto incluiría la noción de interpretar la Escritura de las Escrituras. Esta restricción es teológica más que metodológica. Los pentecostales gritarían un amén sincero al argumento de Hays de que toda la Escritura debe ser interpretada a la luz y como testimonio del Evangelio de Jesús. "La Escritura debe leerse como testimonio del evangelio de Jesucristo. Ninguna lectura de la Escritura puede ser legítima si no reconoce la muerte y resurrección de Jesús como la manifestación climática de la justicia de Dios."[47] Por lo tanto, una lectura teológica proporcionada por la lectura de la Escritura ajustada

---

[46] Croatto, *Biblical Hermeneutics*, pp. 50ff. Para Croatto, el nuevo contexto de la praxis es la lucha contra la opresión.

[47] Véase Hays, *Echoes of Scripture*, p. 191.

al Evangelio completo de Jesucristo proporciona estabilidad a la comunidad de fe en la creación de significado teológico.

La contribución del Espíritu Santo

La estrategia interpretativa teológica que propongo es una negociación tridáctica para el significado. He descrito las contribuciones del texto bíblico y de la comunidad. Ahora abordaré las contribuciones del Espíritu Santo al proceso hermenéutico.

Explicar la contribución del Espíritu Santo es más difícil debido a la comprensión de que el Espíritu Santo, aunque se afirma como participante personal presente y activo en el proceso interpretativo, depende sin embargo de la sensibilidad y el discernimiento de la comunidad de creyentes. La voz del Espíritu Santo se escucha en y a través de los individuos en la comunidad, así como en y a través de la Escritura (que puede venir como palabras de corrección, reproche o incluso una palabra de resistencia a ciertos versículos bíblicos que se transmite como una práctica permanente para la comunidad cristiana, como la esclavitud, por ejemplo). Por ejemplo, los pentecostales que afirman la importancia de las mujeres en el liderazgo pastoral miran a otras Escrituras mientras se resisten a ciertos textos de terror, específicamente 2 Tim. 2:11-12. Las mujeres que se sienten llamadas a estar en el liderazgo 'testifican' que el Espíritu las ha llamado y citan ciertas Escrituras para apoyar esta afirmación. Mi punto es que la Escritura no llama a las personas al ministerio de liderazgo, sino que el Espíritu utiliza la Escritura y la Comunidad en el proceso.

La voz del Espíritu no se reduce o simplemente se equipara con el texto bíblico o la comunidad, sino que está conectada e interdependiente con ellas como un medio necesario para expresar las preocupaciones pasada-presente-futura de la Trinidad Social. El Espíritu Santo tiene más que decir que la Escritura, sin embargo, estará conectado y mantendrá la continuación de la Escritura. La comunidad debe leer y discernir los signos y los sonidos del Espíritu entre la comunidad de creyentes, en relación con un diálogo lógico con las Escrituras. Los intérpretes deben percibir y recibir la guía y dirección del Espíritu. Por supuesto, para los pentecostales, las Sagradas Escrituras proporcionan una guía útil en este proceso tan exigente.

El papel del Espíritu Santo en el proceso hermenéutico es guiar a la comunidad en la comprensión del horizonte del texto y especialmente del sentido presente de la Escritura. Se busca el significado, desde la perspectiva de la relación de adoración de la comunión con la Trinidad Social.[48] El ministerio del Espíritu Santo está en conjunto con el ministerio del Cristo encarnado, crucificado, ascendido y glorificado. En el evangelio de Juan, capítulos 13-17, el discurso de la despedida de Jesús habla de la importancia del ministerio del Espíritu Santo para la comunidad cristiana y la sociedad humana.

Como resultado de la ascensión de Cristo Jesús, el Espíritu Santo fue derramado sobre toda carne (Hch. 2:17) Por lo tanto, las sociedades humanas en general y, la comunidad cristiana en particular, no han sido abandonadas por la presencia viva de Dios. El Espíritu Santo, que se cree que es un verdadero participante personal en la vida de la comunidad, permite a la Iglesia y al cristiano en comunidad, vivir fielmente con el Dios vivo mientras la comunidad continúa la misión de Jesús en el mundo. Por lo tanto, el Espíritu no se limita a citar un versículo de la Escritura, porque el Espíritu tiene más que decir, que sólo la Escritura.[49]

Sin embargo, el Espíritu hablará en continuidad con la misión redentora de Jesucristo, que seguramente incluirá a las Escrituras. Esto requiere que la comunidad discierna al Espíritu en el proceso de negociar el significado de los textos bíblicos, a medida que la comunidad lleva a cabo fielmente la misión de Jesús en contextos nuevos, diferentes y futuros. "La intervención y la obra interpretativa del Espíritu son cruciales, si los cristianos se comprometen a llevar a cabo fielmente la misión que Jesús les da."[50] Por esta razón, la voz del Espíritu no puede reducirse a una simple recitación de la

---

[48] Estoy de acuerdo con la declaración de Trevor Hart en su ensayo titulado "Tradición, Autoridad y un Enfoque Cristiano a la Biblia como Escritura" en Joel B. Green y Max Turner (eds.), *Between Two Horizons*, p. 203. El Espíritu Santo no es simplemente "una ayuda para llegar al significado de la Escritura" sino que "el Espíritu es la relación de Dios con nosotros en el caso de significado a través del cual se dirige a nosotros."

[49] Véase Rickie D. Moore, "A Letter to Frank Macchia" y Frank D. Macchia, "A Reply to Rickie Moore" en *Revista de Teología Pentecostal* 17 (octubre de 2000), pp. 12-9 y James K. A. Smith, "El cierre del libro: pentecostales, evangélicos y escritos sagrados", *Journal of Pentecostal Theology* 11 (Octubre de 1997), pp. 49-71.

[50] Thomas, "Reading the Bible from within our Traditions", p. 119.

Escritura; sin embargo, su voz estará conectada y preocupada por la Escritura, porque esta contiene la historia de Dios para toda la creación, especialmente para la humanidad. Además, esto implica que los entendimientos teológicos anteriores, en forma de doctrinas y prácticas eclesiásticas oficiales, pueden necesitar ser revisados según la luz mostrada por el Espíritu sobre las Escritura y las comunidades eclesiásticas.

La voz del Espíritu escuchada en y a través de una comunidad pentecostal

Los pentecostales desean que el Espíritu Santo los involucre, los guíe y los empodere en el cumplimiento de la tarea misionera que Jesús encomendó a sus seguidores (Mt. 28:18-20; Mc. 16:15-20). Estos buscan la guía del Espíritu para entender la Escritura y la experiencia de la vida, a fin de vivir una vida de obediencia a Dios. La voz del Espíritu se anticipa y se discierne activamente a través de la lectura/escucha de la Sagrada Escritura, junto con los diversos dones manifestados en la comunidad. Escuchar testimonios personales también es un aspecto importante en el proceso de discernimiento.

La voz del Espíritu en la comunidad

La comunidad de adoración proporciona el contexto primario en el que tiene lugar la manifestación del Espíritu. Testimonios personales, dones carismáticos, predicación, enseñanza, testimonio, servicio a los pobres, justicia social, e incluso orar son todos los actos de ministerio que proporcionan oportunidades para la manifestación tangible del Espíritu Santo. La comunidad participa en discernir la autenticidad de estas manifestaciones y actividades. Las actividades de los participantes de la comunidad pentecostal son "evaluadas y aceptadas o rechazadas".[51] Muchas veces se tolerará una creencia y/o actividad hasta que se pueda dar más testimonio del Espíritu por medio de la Escritura y/o el testimonio personal. La comunidad proporciona el contexto para que se escuche la voz del Espíritu, que su presencia sea vista, escuchada y discernida.

---

[51] Thomas, "Reading the Bible from within our Traditions", p. 119.

Los pentecostales invitan al Espíritu Santo a manifestarse de diversas maneras en la comunidad. El propósito de estas manifestaciones y actividades comunitarias es empoderar, guiar y transformar a las personas en una comunidad capaz de seguir fielmente al Señor Jesucristo. Esto requiere que la comunidad discierna al Espíritu Santo en medio de las actividades y manifestaciones de la congregación y siga la guía del Espíritu. La afirmación del individuo de ser guiado por o hablar en nombre del Espíritu se sopesará a la luz de la Escritura, las convicciones teológicas de la comunidad y otros testimonios individuales. Por lo tanto, es importante que la comunidad interprete las manifestaciones del Espíritu.[52] "La experiencia del Espíritu da forma a la lectura de la Escritura, pero la Escritura a menudo proporciona el lente a través de la cual se percibe la acción y obra del Espíritu."[53] La comunidad cristiana proporciona el contexto dinámico en el que el Espíritu está invitado activamente a participar en la negociación teológica del significado.

Discernir la voz del Espíritu que viene de fuera de la comunidad.

La historia pentecostal ha situado la divulgación misionera como el latido mismo de la historia dramática de Dios.[54] Los pentecostales tienen y siguen abrazando con gran vigor la tarea misionera de llegar a todas las personas, a todas las naciones, a todos los grupos lingüísticos, con el evangelio. Proclaman el 'Evangelio completo' a todos los que escuchen con esperanza. Esta pasión por la actividad misionera ha animado a los pentecostales a llevar consigo el Evangelio a dondequiera que van, difundiendo así el Evangelio

---

[52] Fowl, *Participar en la Escritura*, señala correctamente que "es importante reconocer que la presencia de signos milagrosos no es un acontecimiento sencillo", p. 104. La comunidad debe discernir si el signo milagroso es del Espíritu Santo y lo que el signo significa para la comunidad.

[53] Fowl, *Engaging Scripture*, p. 114. Este escritor está de acuerdo con Fowl, quien argumenta que en la práctica es imposible "separar y determinar claramente si la interpretación bíblica de una comunidad es anterior o dependiente de la experiencia del Espíritu de una comunidad", p 114.

[54] Véase Steven J. Land, *Pentecostal Spirituality: A Passion for the Kingdom* (Sheffield, UK: Sheffield Academic Press, 1993), pp. 71-93.

completo en regiones fuera de su contexto cultural y ubicaciones geográficas. Los pentecostales, especialmente los que se perciben a sí mismos con el llamado misionera, pero también, en un sentido limitado, se involucran evangelísticamente ofreciendo su testimonio a otras personas de la comunidad. También se involucran con otras personas y actividades sociales mientras conservan su lealtad a su comunidad pentecostal. Ese compromiso con otras historias comunitarias y las historias personales de otras personas permite la apertura para que la voz del Espíritu pueda llegar a ellos.

Los pentecostales no deben limitar la obra del Espíritu a su comunidad, sino reconocer que la gracia preventiva de Dios ha sido otorgada a toda la humanidad. Además, esperan plenamente que el Espíritu Santo esté trabajando activamente y hablando en la vida de todas las personas, cristianos y no cristianos. Esto subraya la anticipación de que el Espíritu Santo está activo sobre las personas aun antes de que lleguen los misioneros pentecostales.

Los pentecostales, a través de su hospitalaria divulgación y cuidado misioneros, han desarrollado relaciones con personas ajenas a su comunidad y han 'discernido' la presencia del Espíritu en las comunidades extranjeras y diversas. Como resultado, son capaces de discernir lo que el Espíritu les está diciendo desde fuera de su comunidad, lo cual puede ser típico y a la vez sorprendente para la comunidad de fe. De esta manera, el Espíritu puede hablar desde fuera de la comunidad a través de misioneros, evangelistas, conversos recientes y aquellos de nosotros que participamos en discusiones teológicas con otras personas fuera de nuestra tradición. Una vez más, la comunidad, la Escritura y el Espíritu son todos participantes necesarios en la realización del significado teológico, con la comunidad energizada por el Espíritu siendo esta la arena en la que convergen la Escritura y el Espíritu.

La voz del Espíritu entra a través de la Escritura

Para los pentecostales, la Biblia no es un libro ordinario, es el Libro Sagrado. Ellos creen que la Biblia es inspirada por Dios. La Biblia es la palabra escrita inspirada y autorizada por Dios (2 Tim. 3:16; 2 Ped. 1:20-21). Debido a que es inspirada por Dios, continúa siendo la

Palabra del Señor para nosotros. Estos también afirman la veracidad de la Biblia y se someten a su autoridad.[55]

Los pentecostales leen la Escritura con anticipación de que se encontrarán con el Dios viviente. Para estos, el propósito principal de la Biblia es la *formación* de los creyentes y, como tal, es también la última fuente de *información* autorizada sobre la verdad divina. Las Sagradas Escrituras y el Espíritu Santo trabajan juntos proporcionando encuentros experienciales redentores para las personas en comunidad. El Espíritu con la Escritura forman a los creyentes a la imagen de Cristo y les muestra cómo deben vivir sus vidas *hoy*. Los pentecostales leen la Escritura como un medio para conectarse con la Palabra de Dios y ser formados por el Espíritu Santo para "hacer lo que esta dice" (Stg. 1:21).

Los creyentes se aferran a una consideración muy alta de la Escritura. Ellos entienden que la Biblia es el testimonio verdadero y confiable sobre el Dios Viviente, producido por seres humanos bajo la inspiración del Espíritu Santo. La Escritura es la narración sagrada de la revelación del Dios Viviente a la humanidad y específicamente a la comunidad del pacto. Debido a esta creencia, "Los pentecostales consideran que la Escritura es normativa y tratan de vivir sus vidas a la luz de sus enseñanzas."[56] Leer la Escritura es un medio de gracia para experimentar la transformación redentiva. Tanto laicos como académicos, invitan activamente al Espíritu Santo a inspirar a la comunidad y a revelar una comprensión significativa de las Escrituras.

¿Cómo habla el Espíritu en y por medio de la Escritura? La comunidad debe discernir la voz del Espíritu Santo, porque el Espíritu Santo es un actor involucrado en el proceso hermenéutico. Basándose en una lectura cercana de Hechos 15, Thomas argumenta, "la implicación del Espíritu Santo en el proceso

---

[55] Estoy usando las palabras *Biblia* y *Escritura* como sinónimos. *Biblia* y *Escritura* se refieren a los 66 libros del canon protestante. Para la comunidad cristiana, es única y está sola como su sagrada Escritura. La Biblia *es* una colección de *libros* sin embargo, se mantiene unido por la comprensión de que es una historia general del ingenio divino de Dios la revelación a la humanidad. Para una útil introducción a la Escritura y la interpretación, véase, Paul Zilonka, "The Gospels and Jesus", *Oxford Bible Series*, (1991): 508-9.

[56] Thomas, "Reading the Bible from within our Traditions", p. 110.

interpretativo influyó fuertemente en la elección y el uso de la Escritura en la resolución de las cuestiones espinosas relativas a la inclusión de los gentiles en la comunidad cristiana judía primitiva."[57] Esto indica que la presencia del Espíritu Santo no fue pasiva, sino activa para guiar y dirigir el compromiso de la comunidad con las Escrituras. Los participantes del Concilio de Jerusalén pudieron ofrecer muchos textos bíblicos para apoyar o rechazar la redención de Dios a los gentiles e imponerles la circuncisión, pero como ellos mismos pudieron ver, no todo el Antiguo Testamento apoyaba tal noción.

Por lo tanto, cuando la Escritura, tanto del Antiguo como del Nuevo Testamento, ofrece información diversa e incluso contradictoria sobre una práctica o preocupación particular, el Espíritu puede dirigir a la congregación a través de la experiencia, visiones, dones y testimonios a un nuevo entendimiento teológico, ya que las personas en comunidad se mantienen enfocadas en Jesús y escuchan atentamente al Espíritu. Este nuevo entendimiento está arraigado en la Escritura, pero va más allá de ella y es constante en el ministerio de Jesús. La comunidad, pues, debe discernir la participación del Espíritu Santo en el contexto actual de la comunidad cristiana. Para aquellos lectores que han estudiado la historia, la teología y la diversidad del cristianismo, esa información ayuda a discernir la voz del Espíritu hoy en día.

Los pentecostales afirman que el contexto principal para la interpretación de la Escritura son las comunidades de creyentes. La contextualización del evangelio es abrazada de lleno. La Escritura es estimada como un don especial para el pueblo de Dios, porque sólo ella es la palabra inspirada dada a la comunidad. Esa condición debe entenderse como un acto grandioso de Dios. Por lo tanto, la Escritura se refiere a la comunidad del pacto que se convierte en una preocupación soteriológica. Se afirma la fe personal en Jesucristo como Mesías, que es un aspecto necesario en todo el proceso interpretativo. La preocupación interpretativa de la comunidad es llegar a un entendimiento de lo que el Espíritu está diciendo a la comunidad en y a través de los textos bíblicos. El Espíritu tiene más que decir que la Escritura, pero la comunicación por medio de la

---

[57] Thomas, "Reading the Bible from within our Traditions", p. 118.

Palabra se entiende que es sólida. Además, la lectura de la Escritura, tanto personal como comunitaria, ofrece una oportunidad sacramental para que el Espíritu trabaje redentoramente en la vida de los lectores.[58]

Conclusión

La hermenéutica pentecostal es teológica y fomenta una relación interdependiente dialéctica que dialoga tridácticamente. Es un diálogo entre el Espíritu, la Escritura y la Comunidad de fe. El Espíritu Santo es la persona más significativa en la conversación, porque por medio de él Dios está entre nosotros y, a veces incluso contra nosotros. Este modelo encuentra apoyo bíblico en Hechos 15 y es una estrategia hermenéutica, producto de la identidad pentecostal temprana. El método en particular será un enfoque de respuesta a la lectura narrativa, desde una comprensión semiótica del lenguaje. El método exegético, sin embargo, no es tan importante como la conversación que transcurre entre la comunidad, a medida que esta se involucra en la Escritura y discierne al Espíritu. La hermenéutica teológica será practicada por los intérpretes pentecostales en comunidad, buscando la guía creativa y el aporte del Espíritu Santo. Las lecturas en comunidad, de la Escritura y la guianza del Espíritu Santo, los vuelve participantes de las conversacionales en la negociación tridáctica para el significado teológico. Esto se trata de una comunidad eclesiástica, de forma cristológica, cuyo fundamento es neumático. La comunidad pentecostal debe abrirse a otras comunidades, tanto cristianas como no cristianas, que estén dispuestas a dialogar con ellos mientras procuren escuchar lo que el Espíritu está diciendo a las iglesias (Apocalipsis 2:7).

---

[58] Véase M. Robert Mulholland Jr., *Shaped By The Word: The Power Of Scripture in Spiritual Formation* (Nashville, TN: Upper Room Books, 2000).

UNA INTRODUCCIÓN PENTECOSTAL WESLEYANA AL LIBRO DE LOS HECHOS

DANIEL ORLANDO ÁLVAREZ

Introducción

El Pentecostalismo ha destacado la importancia del libro de los Hechos no solo para contar la historia de la iglesia, sino que también para hacer y formular su teología. Por ejemplo, Amos Yong indica la validez teológica de Lucas y Hechos. En particular son sumamente importantes porque demuestran que su interpretación es reveladora de una hermenéutica Pentecostal para la construcción teológica en modo auténtico Pentecostal.[1] Hechos en sí quizás sea el libro solitario en el canon bíblico que ha dado forma a algunos de los temas más destacados y críticos de los fundamentos teológicos y doctrinales únicos del movimiento Pentecostal. Lo más obvio, por ejemplo, es la creencia de que los creyentes en la actualidad pueden experimentar señales y prodigios de la misma manera que se vieron en el libro de los Hechos. Además, otro principio teológico importante que refuerza el pensamiento pentecostal clásico es el bautismo del Espíritu Santo. Este no es un evento descriptivo de conversión-

---

[1] Amos Yong, *The Spirit Poured Out on All Flesh* (Grand Rapids: Baker Academic, 2005), p. 27.

iniciación; más bien, es un evento posterior a la conversión, un *donum super additum*.

Este lenguaje en sí mismo causa controversia, especialmente en las tradiciones reformadas, calvinistas y evangélicas que ponen un mayor énfasis en una dimensión forense de la salvación. En estas tradiciones se cree que uno recibe el Espíritu, junto con el paquete total de salvación en la conversión. Sin embargo, la perspectiva Lucana de los Hechos, particularmente a través de la obra del Espíritu en lo milagroso, desafía esta postura. Lucas está mucho más preocupado por un Dios vivo que tiene una relación vibrante con los creyentes. Este Dios interactúa e interviene en la vida de las personas a través del Espíritu Santo. Lucas, además, apoya a una teología Wesleyana-Pentecostal en donde un creyente puede tener experiencias post-conversión con el Espíritu Santo, tal como la santificación y el Bautismo del Espíritu Santo.[2] No todo se experimenta en el momento de la salvación. Por lo tanto, la perspectiva de Lucas sobre la comunidad posterior a la Pascua es de una que normativamente espera y experimenta los carismas del Espíritu post-conversión.

Esto no solo es uno de los principales énfasis, sino que también los pentecostales han tomado nota de que Lucas expresa una profunda preocupación por la interrelación carismática de la comunidad posterior a la Pascua con el mundo y los poderes que existen junto a la comunidad. Por lo tanto, la visión de Lucas de lo milagroso no solo es claramente carismática, sino que este texto también tiene un propósito misional. Hechos es propicio para una espiritualidad que no solo se relaciona con los milagros, sino también con el propósito detrás de los milagros. Desde la perspectiva de una comunidad oprimida, este texto legitima la existencia de la comunidad cristiana entre los pobres y oprimidos en su lucha en, con y contra los poderes del mundo. Particularmente a través del bautismo del Espíritu, el Espíritu de Dios se extiende a los creyentes en medio de condiciones infrahumanas y está presente para avanzar el Reino de Dios en la tierra.

---

[2] Ver los libros de French Arrington, *Encountering the Holy Spirit: Paths of Christian Growth and Service* (Cleveland, TN: Pathway Press, 2003), y R. Hollis Gause, *Living in the Spirit: the Way of Salvation* (Cleveland, TN: CPT Press, 2009).

Lucas como autor

En un estudio de esta naturaleza, hay una miríada de temas que merecen discusión; sin embargo, este estudio en particular está interesado en una perspectiva Wesleyana Pentecostal Latinoamericana. A continuación, doy una breve discusión sobre la autoría de Hechos para describir cómo la perspectiva del autor y la de su comunidad son de interés a los Pentecostales latinoamericanos.

Aunque nadie está seguro de si el autor original es Lucas, el médico amado, varias evidencias apuntan a la unidad literaria y temática de Lucas-Hechos. Primero, temprano en la tradición cristiana, Lucas recibe crédito por la compilación del texto. El canon Muratoriano afirma esto de manera más explícita.[3] Este trabajo describe a Lucas como el médico amado en Colosenses 4:14. Los pasajes de "nosotros" en Hechos (16:10-18; 20:5-21:18; 27:1-28:16) hacen discernible que el autor fue testigo de las cosas que ocurrieron. La conclusión de la mayoría de los autores es que Lucas fue médico, discípulo de los apóstoles y compañero de Pablo hasta su muerte en Roma.[4] Aunque el quid de este artículo no radica en cuestiones histórico-críticas, la importancia es que el autor, que se llamará Lucas, presenta una narrativa histórica explícitamente consciente y organizada por sí misma.[5] Existe dentro del texto, evidencia de que el autor investigó, sintetizó y presentó su obra final de Lucas-Hechos en dos volúmenes distintos.

Al discernir la perspectiva lucana posterior a la Pascua en Hechos, uno puede depender de su trabajo previo de Lucas en el proceso de extrapolar su perspectiva teológica. Por ejemplo, el lector puede notar las similitudes estilísticas entre ambas obras. Los prólogos de Lucas 1:1-4 y Hechos 1:1-5 son curiosamente similares. Además, Lucas hace uso de estrategias narrativas específicas. Estos incluyen episodios

---

[3] C.K. Barrett, *Acts, Volume I*, the International Critical Commentary (Edinburgh, Escocia: T & T Clark LTD, 1994), p. 44; Justo L. Gonzalez, *Acts: The Gospel of the Spirit* (Maryknoll, Nueva York: Orbis Books, 2001), p. 2; French Arrington, *The Acts of the Apostles* (Peabody, MA: Hendrickson, 1988), p. xxxii. Mucho más puede ser discutido aquí, pero mayor consideración se debe dar a los hitos literarios dentro del texto, aún más allá de la crítica histórica.

[4] Arrington, *The Acts of the Apostles*, p. xxxii.

[5] Roger Stronstad, *The Prophethood of All Believers* (Sheffield: Sheffield Academic Press, 1999), p. 13.

programáticos, *inclusio* y paralelismo.[6] Por ejemplo, el evangelio de Lucas y el libro de Hechos hacen uso de una narrativa inicial. Ambos textos abren con una narración de inauguración con el Espíritu Santo. Además, en el evangelio lucano, milagros confirmatorios siguen a Jesús. De la misma manera, milagros confirmatorios también siguen el trabajo de los discípulos ungidos en Hechos. Además, Jesús fue recibido con aprobación y/o desaprobación. Los discípulos también encontraron corazones abiertos y/o persecución. Finalmente, la historia de Jesús termina con un juicio. En Hechos, el lector también encontrará una narrativa de un juicio final.[7]

Estas características, así como las similitudes temáticas en el contenido, dejan en claro que estos trabajos provienen de la mano del mismo autor. Esto tiene enormes implicaciones porque elementos temáticos equivalentes están presentes en Hechos como en su precuela, Lucas. Además, la declaración programática de Jesús en Lucas 4:18-19 debe estar en la mente del lector, especialmente en el análisis de los Hechos, ya que la misma unción que Jesús recibió en Lucas acompañará más tarde a los creyentes en los Hechos.

Para finalizar esta discusión de la autoría de Hechos, hay una advertencia. Esta es que Lucas y Hechos no eran parte de un pergamino. Son dos obras distintas. Lucas está destinado a ser una secuela, con un propósito distinto. Este propósito se desvela en la declaración programática de Hechos en el versículo 1:8 y se cumple en el sermón de Pedro (2:17-21) y luego a través de toda la narración. Los protagonistas en Hechos tienen la misma unción que la de Jesús. El mismo Espíritu con el que fue ungido el Mesías está presente en las vidas de los líderes carismáticos de la Iglesia primitiva y en la vida de otros creyentes a lo largo de la narración.

Una pregunta importante que surge de un estudio de la autoría de Lucas es sobre la interpretación posterior de los Hechos. Debido a la estrecha asociación de Lucas y Pablo, especialmente hacia el final de esta narración, algunos ven a Lucas y Pablo como inseparables; en consecuencia, a menudo se lee a Lucas a través de lentes paulinos.[8]

---

[6] Stronstad, *The Prophethood of All Believers*, p. 14.

[7] Stronstad, *The Prophethood of All Believers*, p. 14.

[8] W.G. Kümmel, *The Theology of the New Testament According to its Major Witnesses: Jesus, Paul, John*, traducido por J.E. Steely, (Londres: SCM Press, 1974).

Pero, la importancia en cuanto a la autoría de Lucas es fundamental ya que una gran controversia que ha enfrentado el movimiento Pentecostal es la cuestión de la conversión-iniciación. Las presuposiciones aquí por parte de varios autores arrojan algo de luz sobre una de las diferencias fundamentales en las posiciones con respecto a lo milagroso en Lucas-Hechos. James Dunn, por ejemplo, ha presentado una crítica sobre el pentecostalismo que le da un mayor peso a la iniciación en la conversión como el papel distintivo del Espíritu Santo en Hechos. Los Pentecostales critican a Dunn con la tesis de que él ha leído el libro de Hechos con lentes paulinos.[9] En inglés se usa la expresión leer a Pablo hacia adentro de Hechos [*reading Paul into the text*], o de inferir a Pablo en el texto, en el sentido de forzar el significado y explicación del texto de Hechos a través de lentes paulinos.

Un consenso académico Pentecostal es que cada autor bíblico debe ser interpretado por derecho propio y en sus propios términos.[10] En lugar de imponer motivos teológicos paulinos sobre este texto, o peor aún, las propias presuposiciones teológicas de uno mismo, se le debe permitir a Lucas expresar su propia opinión y alzar su propia voz distintiva. La pregunta rudimentaria de cómo debe leerse Lucas significa que el lector debe ser sensible al hecho de que Lucas dio su contribución única al canon de la Escritura. Es imperativo dejar que el texto hable por derecho propio. Aunque Pablo es el personaje dominante en las partes finales del texto, el lector debe tener cuidado de tratar de forjar una unidad artificial entre el pensamiento paulino y lucano.[11] En otras palabras: "es solo al permitir que se escuche la disonancia en toda su intensidad que la Escritura puede tener su impacto total."[12] El impacto de los escritos de Lucas es claro sobre el canon de las Escrituras. Varios marcadores literarios en el texto

---

[9] Stronstad, *The Prophethood of All Believers*, p. 10.

[10] Stronstad, *The Prophethood of All Believers*, p. 10. También algunos autores argumentan que el autor de Hebreos pudo haber sido una mujer.

[11] John Christopher Thomas, "Diversity in the Scriptures," *International Review of Missions*, 93 (2004), pp. 422-3.

[12] Thomas, "Diversity," p. 422.

mismo apuntan a su significado.[13] Es una teología altamente carismática relacionada con los pobres y los oprimidos.

Hechos como Narrativa-Teología

Con respecto al género, la propia voz de Lucas históricamente fue silenciada con respecto a cuestiones teológicas porque Hechos fue tratado como una simple historiografía. La conclusión lógica de este tratamiento es que Lucas es un simple historiador sin valor o importancia teológica. En otras palabras, Lucas solo cuenta sucesos y no se puede depender de él para hacer teología. Sin embargo, los pentecostales han participado en el redescubrimiento de Lucas-Hechos como trabajo teológico.[14] "La erudición pentecostal ha elevado los Hechos de una narración puramente histórica a una narrativa histórico-teológica, lo que le da la misma influencia doctrinal que Pablo y Juan."[15]

Como se indicó anteriormente, Hechos es una historia selectiva, con la participación netamente propia de Lucas.[16] El material lucano es un género único, que existe como una curiosa amalgama de teología e historia. Esto produce un relato *sui generis* que muestra tendencias carismáticas y una teológica crítica y subversiva en la sociedad. Los no-pentecostales también están de acuerdo en que esto debería llamarse "Los Hechos del Espíritu" en lugar de los Hechos de los Apóstoles, ya que el Espíritu Santo ocupa un papel central en la narrativa.[17]

La Importancia de la Estructura de Hechos

La información anterior es preliminar. Lo que tiene más peso en una interpretación Pentecostal son los marcadores literarios presentes en

---

[13] Thomas, "Diversity," p. 423.

[14] Roger Stronstad, *The Charismatic Theology of St. Luke* (Peabody, MA: Hendrickson, 1984), p. 5. Stronstad dice que los Pentecostales deben "maximizar" o (*maximize*) el carácter teológico de las narrativas más que el carácter histórico de las mismas.

[15] Kenneth J. Archer, "Pentecostal Hermeneutics: Retrospect and Prospect," *Journal of Pentecostal Theology 8* (1996), p. 73.

[16] Stronstad, *The Prophethood of All Believers*, p. 19.

[17] I. Howard Marshall, Justo L. González, et. al.

el texto. Nuevamente, al discernir cualquier significado teológico de los Hechos, el texto en sí es el que debe hablar por sí mismo. Uno de estos marcadores literarios es la estructura de los Hechos.[18] En el pensamiento Pentecostal, una observación acerca de la estructura no debe ser un apéndice, sino un medio de entrada al texto y el mundo dentro de él.[19] Dentro del texto de Hechos hay un estribillo repetido que marca el resumen y la conclusión de secciones dentro del texto:[20]

Hechos 2:47: alabando a Dios y teniendo favor con todo el pueblo. Y el Señor añadía cada día a la iglesia los que habían de ser salvos.

Hechos 6:7: La palabra del Señor crecía y el número de los discípulos se multiplicaba grandemente en Jerusalén; también muchos de los sacerdotes obedecían a la fe.

Hechos 9:31: Entonces las iglesias tenían paz por toda Judea, Galilea y Samaria; eran edificadas, andando en el temor del Señor, y se acrecentaban fortalecidas por el Espíritu Santo.

Hechos 11:21: Y la mano del Señor estaba con ellos, y gran número creyó y se convirtió al Señor.

Hechos 12:24: Pero la palabra del Señor crecía y se multiplicaba.

Hechos 16:5: Así que las iglesias eran animadas en la fe y aumentaban en número cada día.

---

[18] John Christopher Thomas, "The Charismatic Structure of Acts," *Journal of Pentecostal Theology* 13 (2004), p. 20. Él dice, "el significado está íntimamente conectado a la estructura." Ver también John Christopher Thomas, "New Testament Studies," *Journal of Pentecostal Theology* 10, su método de estudio del Nuevo Testamento comienza con el texto en sí mismo en vez de deliberar en métodos críticos-históricos hipotéticos. La pregunta de importancia primaria es: "¿qué dice el texto?"

[19] John Christopher Thomas, "Pentecostal Explorations of the New Testament: Teaching New Testament Introduction in a Pentecostal Seminary," *Journal of Pentecostal Theology* 11 (2002), pp. 120-9.

[20] Thomas, "The Charismatic Structure of Acts," pp. 20-4. Thomas cita las siguientes fuentes: C. H. Roberts, "Chronology of the New Testament," en J. Hastings, ed., *A Dictionary of the Bible Dealing with its Language, Literature and Contents* (Nueva York: Scribner's Sons, 1911), I, pp. 403-25 (cf. 421). Ver también C.H. Turner, "A Primitive Edition of the Apostolic Constitutions and Canons: An Early List of Apostles and Disciples," *Journal of Theological Studies* 15 (1913-1914), pp. 53-6. Ambos autores ven el mismo resumen en estos versículos. Finalmente, ver French Arrington, *Acts*, p. xlv. Arrington es el que también incluye los resúmenes en los versículos 2:47 y 11:21 en las observaciones hechas por Roberts y Turner, pero, como observa Thomas, no los incluye en su bosquejo final para el libro de Hechos.

Hechos 19:20: Así crecía y prevalecía poderosamente la palabra del Señor.

Hechos 28:31: Predicaba el reino de Dios y enseñaba acerca del Señor Jesucristo, abiertamente y sin impedimento.

El contenido dentro de los paneles demarcados por estos versículos también sirve una unidad temática. En este caso, el papel principal de Hechos lo ocupa el Espíritu de Dios. El Espíritu lleva a cabo activamente la misión liberadora de Dios en la tierra. Dentro de cada una de estas secciones hay una descripción de una unción carismática o una referencia a aquellos ungidos (2:1-4; 4:30-31; 8:14-17; 10:44-48; 11:24-28; 13:9; 19:1-17; 20:22-21:11).[21] Estos versículos también indican una progresión de Jerusalén a Roma.[22] Además, los versículos del estribillo resumen los puntos clave de transición entre las divisiones del texto.[23] También, estos versos señalan importantes personajes de apoyo como Pedro, Esteban, Felipe y Pablo.[24] El lector ve su desarrollo en las diferentes divisiones. Finalmente, esta estructura respeta el rol único y carismático del Espíritu Santo en el texto. El lector de veras se da cuenta que el Espíritu Santo es la fuente de la unción y el poder para la misión.[25] Por lo tanto, la estructura depende de un tema entrelazado y presente a lo largo de la narración. Este apoyo estructural reafirma las contribuciones que los estudiosos pentecostales han hecho, incluida la afirmación de que el Espíritu en los Hechos obra en la proclamación del evangelio por todos los creyentes. La estructura se puede ver de la siguiente manera:[26]

---

[21] Thomas, "Pentecostal Explorations of the New Testament," p. 124.

[22] Thomas, "The Charismatic Structure of Acts," p. 20.

[23] Thomas, "The Charismatic Structure of Acts," p. 20.

[24] Thomas, "The Charismatic Structure of Acts," p. 20.

[25] Thomas, "The Charismatic Structure of Acts," p. 20.

[26] Arrington, *Acts*, pp. xliv-xlv, y Thomas, "The Charismatic Structure of Acts," p. 20. Arrington correctamente dice, "Si Lucas tuvo este u otro bosquejo específico delante de él mientras escribía no lo sabemos, pero la división de Hechos en… paneles es natural y últimamente aceptable."

Estructura de Hechos

1:1-5	Prólogo
1:6 - 2:47	El Espíritu Santo y el Derramamiento de Pentecostés
3:1 - 6:7	La Iglesia en Jerusalén
6:8 - 9:31	La Muerte de Esteban, de Judea a Samaria
9:32 - 11:21	La Conversión de Saulo y el Espíritu Santo en los Gentiles
11:22 - 12:24	Inicio de Persecución y Muerte de Herodes
12:25 - 16:5	Expansión de la Iglesia a Antioquía y Galicia
16:6 - 19:20	La Iglesia en Europa
19:21 - 28.31	Arresto de Pablo, el Evangelio en Roma

Contenido y Énfasis Teológicos

Con la descripción anterior del marco y la disposición de los Hechos, el lector ahora puede comenzar a examinar su complejidad. La lectura puede convertirse en un proceso tedioso y complicado por el propósito múltiple de este libro. Nuevamente, Hechos está diseñado para ser una narración histórica y para servir en una dimensión didáctica a la iglesia.[27] Esta incursión en la perspectiva Lucana revela un énfasis en el Espíritu Santo, el "empoderamiento" o la unción, el testimonio y la vida de la Iglesia en contraste con la sociedad.

Salvación en Jesucristo

Sin embargo, el tema más importante en el Evangelio se relaciona con la salvación en Jesucristo. Hechos es claro que los discípulos están participando en la misión de Jesucristo en la tierra. A lo largo de la narración, los discípulos son testigos. El Espíritu señala a Jesucristo como la fuente de salvación. Los milagros ocurren a lo largo de la narración, pero su propósito es llamar a los que no creen al arrepentimiento y la salvación en Cristo. La salvación ocurre a través del creer. En muchos casos produce alegría en la vida de los creyentes. Finalmente, el lector adquiere perspectiva sobre la tarea aparentemente insuperable de llevar el Evangelio a las partes más remotas de la tierra.

---

[27] Stronstad, "The Prophethood of All Believers," pp. 22-7.

El Espíritu Santo

La palabra, *pneuma*, en referencia al Espíritu Santo aparece 57 veces en el texto. Tales variaciones son "Espíritu", "Espíritu de Jesús", "Espíritu Santo" y "Espíritu de Dios". Hechos 1:8 proporciona el verso temático para el resto de la narrativa: el Espíritu Santo es la presencia fortalecedora que unge a las personas para que den testimonio al igual que Jesucristo mismo fue ungido (Hechos 10:38). Esta unción está disponible post-conversión para todo creyente que desee servir al Señor. El motivo más dominante presente en el texto es el papel y la presencia del Espíritu Santo en la actividad funcional de sus discípulos.[28] Hechos relata la historia de la iglesia primitiva y cómo fue facultada por el Espíritu Santo para dar testimonio de la obra salvadora de Cristo desde Jerusalén hasta Roma.[29] Debido a este énfasis en el Espíritu Santo, debería llamarse 'los Hechos del Espíritu' o 'la praxis del Espíritu'. La conexión con el libro de Lucas nos recuerda que Jesús fue el portador del Espíritu, ungido por el Espíritu; ahora en Hechos, él unge y dota a sus discípulos con el Espíritu con el propósito de que ellos den testimonio hasta los confines de la tierra. El sermón de Pedro, así como el testimonio de las demás personas en el texto demuestran un nuevo *empoderamiento*. Los personajes del libro de Hechos ya eran creyentes, pero algo sucedió post-conversión. A través del Espíritu, no sólo creyeron, pero luego estaban llenos de poder del Espíritu para dar testimonio profético sobre Jesús. Este término profético se puede ver a la luz de todas las empresas milagrosas a través de exorcismos, curaciones y teofanías en Hechos. Finalmente, es profético en términos de testigos empoderados, ya que hombres y mujeres de todos los orígenes sociales llegan al conocimiento salvador de Cristo en el texto.

Cumplimiento del Antiguo Testamento

Hechos también contiene una conexión única con el Antiguo Testamento en el sentido de una promesa cumplida. Hechos comunica la convicción de que ha amanecido una era mesiánica y que

---

[28] Peter J. Cullen, "Euphoria, Praise and Thanksgiving: Rejoicing in the Spirit in Lucas-Acts," *Journal of Pentecostal Theology* 6 (1993), p. 13. (13-24).

[29] French Arrington, *Acts*, p. xxxi.

el Espíritu ha regresado a Israel.[30] La autocomprensión pentecostal de los bautizados en/con el Espíritu llega en un contexto de esperar una promesa bíblica (Hechos 1:5; 2:18; 2:39; 11:16). La pneumatología cristiana primitiva describió al Espíritu como el Espíritu de la profecía.[31] En Lucas, esto está relacionado con la forma en que el Espíritu dio poder a la gente en el Antiguo Testamento. De manera similar el Espíritu está intrínsecamente ligado al testimonio y a la misión de la Iglesia. El Espíritu Santo es derramado para *empoderar* a la iglesia para hacer algo, y no nada más ser recipientes de una experiencia espiritual.

Lucas estaba familiarizado con declaraciones proféticas que luego se cumplen en su narración. También, él utiliza textos del Antiguo Testamento que enfatizan las manifestaciones carismáticas y proféticas del Espíritu Santo.[32] Por lo tanto, la obra del Espíritu Santo en Hechos es similar a la obra del Espíritu en el Antiguo Testamento, donde el Espíritu viene sobre diferentes personas como los 70 ancianos (Números 11:16-30), los obreros del tabernáculo (Éxodo 31:1-3; 35:31-35), Elías, Eliseo (2 Reyes 2:9), Gedeón (Jueces 6:34); Sansón (Jueces 14:6, 19; 15:14) y Saúl (1 Samuel 19:23).

Bautismo del Espíritu Santo

El bautismo con el Espíritu Santo puede ser descrito como una inmersión en el Espíritu, o una unción. Este es otro elemento temático importante en los Hechos. El Bautismo del Espíritu Santo no es lo mismo que la regeneración ni la conversión. Esta es una experiencia distinta después de la conversión (aunque puede ocurrir en la conversión). Los discípulos ya habían recibido nuevos corazones por la obra regeneradora del Espíritu (ver Juan 19). Ahora, el bautismo con el Espíritu no se trata de una nueva vida que acompaña al arrepentimiento y a la fe, más bien se trata de un *empoderamiento* sobrenatural del Espíritu para equipar a la Iglesia para cumplir su misión en el mundo. Lucas relaciona explícitamente la presencia y la actividad del Espíritu Santo con la vocación como

---

[30] Cullen, "Euphoria, Praise and Thanksgiving," p. 16.

[31] Tak-Ming Cheung "Understanding of Spirit Baptism," *Journal of Pentecostal Theology* 8 (1996), pp. 115-28.

[32] Arrington, *Acts*, p. 7.

Espíritu de la profecía.[33] Además, Lucas demuestra cómo la Iglesia es heredera de la teología carismática del Antiguo Testamento.[34] La narración de inauguración en Hechos 2 recuerda a las grandes obras que Dios ha hecho (Sinaí, Mar Rojo, Babel). Además, la Escritura del Antiguo Testamento (Joel 2:28) se cumple en Hechos. Dentro de los Hechos hay muchos otros motivos carismáticos presentes. Un claro ejemplo de una experiencia post-conversión es Hechos 8:12-17. Los samaritanos creen. Sin embargo, hay un lapso de tiempo y al pasar el tiempo estos también reciben el bautismo del Espíritu como una unción para el servicio.

Conversión-Iniciación versus una experiencia distinta y posterior

Aquí es donde algunos eruditos debaten en el significado de esa unción. Muchas veces los lectores confiesan estar informados por el pensamiento de Lucas o de Pablo. Usualmente las diferencias caen en dos campos: la teología reformada y la teología wesleyana. En otra manera de ver este asunto, este debate está matizado entre ramas teológicas calvinistas y arminianas. El primero usualmente enfatiza un concepto forense de salvación donde uno recibe todo el paquete en la conversión. El segundo enfatiza un concepto terapéutico, participativo y sinérgico de salvación que está abierto a nuevas experiencias para los creyentes después de la conversión, tales como la santificación y el Bautismo del Espíritu.

Los que hacen énfasis en una perspectiva paulina resaltan cómo los participantes del nuevo pacto son renovados interiormente por el Espíritu. Ellos hacen hincapié en los textos del Antiguo Testamento, como Jeremías 31:31 en donde el Señor promete un nuevo pacto. Pero Lucas no describe el bautismo en términos de renovación interior o de salvación. Lucas tampoco apela a Isaías o Ezequiel, que hacen hincapié en la renovación interior a nivel individual y nacional. Más bien, Lucas apela a Joel (2:28) en donde Dios promete manifestaciones carismáticas y proféticas.[35] Por lo

---

[33] Stronstad, *The Prophethood of All Believers*, p. 10.

[34] Stronstad, *The Prophethood of All Believers*, pp. 75-6.

[35] Arrington, *Acts*, p. 7.

tanto, Pentecostés no se trata nada más del nacimiento de la iglesia, y aunque hay muchos convertidos en Hechos 2, la experiencia Pentecostal no hace énfasis en la conversión de los individuos en el aposento alto. Más bien, Pentecostés debe ser visto de manera similar a la unción recibida por Jesús en su bautismo.[36] En el Bautismo Jesús también es bautizado con el Espíritu Santo para luego derramar el Espíritu sobre sus seguidores. En el día de Pentecostés, no se menciona nada sobre un bautismo de agua para los 120 que estaban en el aposento alto. Eso ya había precedido. En resumen, Pentecostés es parte de una experiencia de crisis post-conversión y en esta experiencia las lenguas son señales normativas de la unción del Espíritu Santo para servir a Dios.

Controversia Pentecostal: Las lenguas como evidencia inicial

Dentro de los movimientos pentecostales y carismáticos hay otro debate sobre la naturaleza del bautismo del Espíritu. Este debate tiene que ver con las lenguas, o *glossolalia*. Los pentecostales clásicos creen que es un signo recurrente de la plenitud del Espíritu.[37] Le han llamado la *evidencia inicial* del bautismo del Espíritu Santo. En Hechos ocurre en 2:4, y se menciona nuevamente en 10:46, y en 19:6. El hablar en lenguas (*glossolalia*) en esas ocasiones se manifiesta como una señal externa, visible y audible. Sin embargo, otras tradiciones evangélicas no-Pentecostales sugieren que eran lenguas extranjeras (*xenolalia*) las que hablaban. Estos también hacen hincapié en el milagro de oír lenguas extranjeras por encima y en contra del milagro de hablar en lenguas. También, ellos argumentan que si las lenguas continúan hoy, también lo deben hacer el fuego y el viento. Sin embargo, en otras narraciones de la Biblia las obras especiales de Dios van acompañadas de señales y maravillas, por ejemplo, el Sinaí, Belén y el Calvario. El día de Pentecostés es introducido por señales milagrosas. El viento y el fuego en este caso son teofanías. El viento mostraba que Dios estaba con ellos, y el fuego era la gloria de Dios.[38]

---

[36] Arrington, *Acts*, p. 7.

[37] Arrington, *Acts*, p. 7.

[38] Arrington, *Acts*, p. 20.

En ningún otro lugar del Nuevo Testamento la *glossolalia* es un lenguaje comprensible. Es un milagro de hablar, no de oír (aunque puede ser de oír también). Lo que es observable en Hechos es que hay una profunda experiencia espiritual de hablar en lenguas al recibir el Bautismo del Espíritu Santo. Es cierto que en otros lugares donde se observa el bautismo con el Espíritu, la Escritura guarda silencio sobre si ocurre acompañado de lenguas o no. Sin embargo, es evidente que después de esta experiencia algo sucede. Las consecuencias del bautismo con el Espíritu son notables. Un ejemplo fue Simón Mago que también fue testigo de algo cuando el Espíritu cayó sobre los Samaritanos. Él ofreció dinero por tener la habilidad de hacer a otros hablar en lenguas. Lo que es evidente en la narrativa de Hechos es que esta experiencia fortaleció a los discípulos en los Hechos. Su discurso era poderoso y llevaba autoridad. La palabra griega es σωφροσύνης. Se refiere al discurso de los discípulos como poderoso y de autoridad (Hechos 26:25).[39]

La *glossolalia* fue una señal inicial del bautismo del Espíritu. Se puede decir mucho sobre la razón de las lenguas, pero la importancia aquí es que Lucas es ambiguo en cuanto a la relación entre las lenguas y el bautismo del Espíritu. Por ejemplo, nadie sabe realmente si esto es lo que él consideraba "profetizar". Tal vez el énfasis en la *glossolalia* es conscientemente atenuado por Lucas, ya que ha señalado y resaltado la importancia de la unción en sí, y no el hablar en lenguas (un error que muchos Pentecostales hoy en día hacen). La *glossolalia* fue una señal para los espectadores incrédulos. La *glossolalia* no fue el bautismo con el Espíritu en sí; sin embargo, el bautismo con el Espíritu se describe como una experiencia posterior en la que algo milagroso ocurrió en la vida de los creyentes, y además es explícitamente descrita como acompañada por la *glossolalia*.

Aquí está el quid de la cuestión. Los pentecostales han enfatizado tanto las lenguas que se han olvidado de las otras experiencias carismáticas, como el exorcismo, el discernimiento de espíritus, palabras de ciencia y conocimiento, sanidades divinas y otras cosas más (énfasis teológico paulino). Puede ser que los Pentecostales también hayan enfatizado este asunto para tenerlo como un sello de superioridad sobre otros cristianos. Pero a la inversa, los no-

---

[39] Arrington, *Acts*, p. 23.

pentecostales han sido culpables de no enfatizar el bautismo del Espíritu como una experiencia única y distintivamente marcada. Se reduce a una parte insignificante de la conversión-iniciación. Lucas parece mantener bien la tensión entre estos dos polos. Es plausible que Lucas lo reconociera y deseara dejar la tensión en el texto sin resolverla nunca. El bautismo del Espíritu no tenía la intención de dar a los cristianos un aire de superioridad, pero su naturaleza misma es el poder para el servicio. El servicio implica humildad, mansedumbre, falta de orgullo y sumisión. Esto en sí mismo es un milagro en el corazón del creyente o la santificación. Este es un aspecto que se pasa por alto al tener debates de la señal del bautismo del Espíritu: la santidad de corazón y mente para el servicio. Esta es una dimensión con la cual la experiencia del Bautismo del Espíritu Santo debe estar estrechamente ligada. No es que alguien sea un cristiano superior, sino que uno ahora está apartado para el servicio exclusivo a las cosas del Señor. Es por esta razón que Dios lo ha ungido y ahora un creyente rinde su lengua, lo más difícil domar (Santiago 3:5-10).

Misión

Lo profético también sirve la misión de la Iglesia y la misión de Dios. Aquí lo profético es mucho más que predecir el futuro como un adivino. Lo profético aquí tiene que ver con la raíz de la palabra, *prophotos*, en el sentido de ser un vocero o portavoz. En este sentido pro- quiere decir de parte de alguien o por alguien o por una causa. *Phetes* quiere decir hablar. O sea, el profeta habla de parte de Dios por la causa de Dios y funciona como portavoz del Señor. En este sentido, un portavoz está autorizado para hablar en nombre y representación de una entidad; además, a un portavoz se le autoriza para comunicar a la opinión pública lo que esta entidad piensa acerca de un asunto determinado.[40]

Esto toma mucho significado en Lucas-Hechos porque Lucas menciona el Reino de Dios 40 veces.[41] En la narración se ve la clara distinción entre la misión de la Iglesia y la de los poderes de este

---

[40] *https://dle.rae.es/portavoz*. Accesado el 14 de septiembre de 2020.
[41] En Hechos solo 7 veces. En Juan 2 veces. En Marcos 14 veces. En Mateo 5 veces.

mundo. Además, hay una clara relación de los milagros con la vida y situación de los pobres y los oprimidos. El Espíritu Santo dirige a la iglesia en una marcada simpatía por los pobres y los marginados sociales con una profunda compasión por los desfavorecidos.[42] Por ejemplo, Hechos contiene la curación de un mendigo lisiado en la puerta del templo. Luego, Hechos describe la liberación de los demonios, y la curación de los paralíticos y lisiados en Samaria (Hechos 3:1-10; 8:7).[43] También hay casos de ayuda a los pobres y de reparto de posesiones (2:44; 4:34-35). Particularmente reveladora es la historia de Tabitha, una mujer que pasó todo su tiempo ayudando a los pobres (Hechos 9:36). Estos son puntos que no deben ser pasados por alto en las interpretaciones de los Hechos en modo Latinoamericano. La iglesia ministra a las necesidades de los más necesitados de la sociedad de manera integral. La misión es holística e integral.

Si se lee Hechos teniendo en cuenta Lucas 3:22 y 4:18 en adelante, no se puede evitar ver que el Espíritu en Hechos está presente y que ayuda a una comunidad cristiana incipiente y desarraigada a existir en presencia de fuerzas gubernamentales y religiosas antagónicas de su tiempo. Si este es el Espíritu de la profecía, y ahora se asocia con el profetismo de los creyentes, no se puede olvidar a los profetas del Antiguo Testamento. Los Hechos contienen referencias a la iglesia perseguida, pobre, marginada y oprimida que caracterizó a la Iglesia primitiva. Hechos se erige como un libro de esperanza que justifica y aclara cómo Dios está involucrado en las vidas de la iglesia cristiana primitiva. La iglesia sufriente emerge a pesar de las muertes, la tortura y el encarcelamiento de sus líderes. No es coincidencia que "gozo" es una palabra común en Lucas. El gozo persiste incluso cuando la Iglesia está expuesta al sufrimiento.[44]

---

[42] Arrington, *Acts*, p. xl.

[43] Arrington, *Acts*, p. xl.

[44] Conzelmann, "χαίρω, χαρα, συγχαίρω," en Kittel y Friedrich, *Theological Dictionary of the New Testament*, Vol. 9 (Grand Rapids, MI: Eerdmans Publishing, 1974), pp. 359-72.

La Iglesia versus el Estado

El libro de Hechos retrata una imagen de lucha contra el Estado, no para derrocarlo, sino para existir en él y transformarlo. Pase lo que pase, los cristianos viven siempre en un contraste con la sociedad. A través de Hechos ellos son apedreados, golpeados, arrestados y perseguidos a lo largo de la narración. Los misioneros cristianos son ridiculizados en Atenas y terminan ante las autoridades del Imperio Romano. Por lo tanto, el libro de Hechos demuestra claramente una relación con las estructuras de poder en la que algunos son cortados hasta el corazón y se vuelcan a Jesucristo. Pero también Hechos demuestra la perseverancia, martirio y la liberación de los cristianos frente a la persecución y la hostilidad.

Exorcismo: Diablo, enfermedad y liberación

Hechos retrata un mundo que está lleno de la actividad del Espíritu; también está tachado con lo demoníaco, y la enfermedad. En muchas partes del mundo hay una visión del mundo que no se ha creído totalmente en la modernidad con una alta visión científica. Hay un reino espiritual, y este reino espiritual está siempre activo. Los no cristianos experimentan influencias espirituales. A menudo los creyentes experimentan liberación espiritual y exorcismos. En Hechos el mundo está inmerso en un mundo espiritual. La pregunta en la interpretación no es si hay un mundo sobrenatural. Más bien, la pregunta que hace Hechos es: "¿cuál es más poderoso, el reino de los cielos o el reino de las tinieblas?"

Hechos ha sido utilizado en varios otros contextos para reconocer y superar las realidades espirituales. Por lo tanto, las personas en estos contextos no se preocupan tanto por una experiencia de conversión-iniciación como por un poder que es mayor que los poderes que actúan en este mundo. Hechos ofrece una visión del mundo que afirma un mundo espiritual y que no importa si se trata de una experiencia posterior a la conversión, una experiencia de iniciación o una experiencia posterior al bautismo porque Dios está actuando. El Espíritu Santo está presente en la vida de los creyentes como una presencia poderosa. Hechos describe al Espíritu Santo como involucrado en una unción.

Oración/Alabanza

La oración y una profunda espiritualidad son centrales.[45] La oración está centrada en Dios y no se limita sólo a una vida devocional. Tiene una base teológica y está en el centro de la historia redentora de Dios. El pueblo de Dios experimenta las bendiciones del reino a través de la oración. Las crisis en los Hechos requerían de la oración. Siete diáconos fueron elegidos en la oración. La misión europea incluía la oración. Lo más importante es que esto proporciona un patrón de espiritualidad operativo hoy en día.[46] La oración y la alabanza era evidente y se espera en la vida de los creyentes, incluso en medio de la hostilidad y la persecución.

Conclusión

El libro de Hechos apela a los Pentecostales de varias maneras. Los cristianos deben de continuar haciendo lo que Jesucristo vino a inaugurar. Además, los contextos latinoamericanos son contextos en donde mucha gente aguanta sufrimiento, penurias e injusticias. Muchas veces los pueblos latinoamericanos son afligidos por las mismas autoridades que supuestamente fueron creadas para cuidarlos. Es ahí en donde entra una conexión íntima con el material lucano. Los Pentecostales se identifican con el despertar espiritual en Hechos. Además, muchos de ellos han experimentado persecución o sufrimiento por su testimonio de Jesucristo. Aquí el libro de Hechos ofrece esperanza a los Pentecostales. A pesar de todo el evangelio avanza. A pesar de todo hay crecimiento. Hay un renacer, un avivamiento y ellos son parte de algo nuevo que el Señor está haciendo en el mundo hoy. Hay una unción de parte de Dios para continuar el trabajo de Dios sobre la faz de la tierra. Por lo tanto, los Pentecostales Latinoamericanos deben de continuar explorando el libro de Hechos y entablar una relación estrecha con una hermenéutica informada por Hechos para continuar estableciendo su teología y práctica hasta que Cristo vuelva.

---

[45] Arrington, *Acts*, p. xlii.

[46] Howard M. Ervin, *Conversion-Initiation and the Baptism in the Holy Spirit* (Peabody MA: Hendrickson Publishers, 1984), p. 6.

EL ANHELO POR DIOS
EL SALMO 63 Y LA ESPIRITUALIDAD PENTECOSTAL

LEE ROY MARTIN

Introducción

En mi primer semestre en la universidad, comencé a leer toda la Biblia. Como uno puede esperar, varios pasajes de las Escrituras me impresionaron profundamente, y uno de ellos fue el Salmo 63, particularmente los dos primeros versículos: "Mi alma tiene sed de ti, mi carne te anhela... para ver tu poder y tu gloria, así como te he mirado en el santuario." En el Salmo 63 escuché una oración apasionada, una articulación de profundas inclinaciones espirituales. Escuché una expresión del intenso deseo del salmista de encontrar a Dios y de experimentar la presencia de Dios. También reconocí el compromiso del salmista de buscar a Dios y de responder a los actos de gracia de Dios con alabanza y con lealtad constante. Debido al contenido del salmo y su apasionado tono de expresión, memoricé el salmo y comencé a recitarlo regularmente como parte de mis propias oraciones.

El anhelo por Dios expresado en el Salmo 63 dio voz a la pasión por Dios que fue generada por mi propia espiritualidad pentecostal, una espiritualidad que Steven Land ha caracterizado como "una pasión por el reino", que es "en última instancia una pasión por Dios.". Así que en este estudio estoy sugiriendo que el Salmo 63 puede funcionar como una oración individual y comunitaria que también expresa los aspectos apasionados de la espiritualidad pentecostal.[1] Además, en su función cómo Sagrada Escritura, este salmo puede guiar a los pentecostales en su búsqueda de un encuentro con Dios y en su anhelo de la presencia de Dios.

Permítanme eenfatizar que en este estudio constructivo e integrador, examino al Salmo 63 a través del lente de la espiritualidad pentecostal. Sin embargo, antes de examinar al Salmo 63, me gustaría describir lo que estoy llamando un 'enfoque afectivo' al texto bíblico. El enfoque afectivo exige que el oyente atienda los tonos afectivos que están presentes en el texto y que permita que el texto moldee las impresiones del oyente. Una vez que haya descrito el enfoque afectivo, presentaré una enfoque afectivo del Salmo 63 que emerge de mi ubicación dentro de la comunidad pentecostal.[2] Entonces sugeriré maneras en que el Salmo 63 puede contribuir a la formación afectiva de la iglesia pentecostal hoy. Por un lado, mi experiencia de entender el Salmo 63 es informado y moldeado por mi propia experiencia pentecostal. Por otro lado, mi espiritualidad y experiencia está influenciada por mi compromiso con el Salmo 63.

Antes de proceder al estudio, me gustaría ofrecer cuatro observaciones explicativas: 1) Aunque mi trabajo es generado por mi espiritualidad y está dirigido a la tradición pentecostal, reconozco que el compromiso afectivo es común a todos los seres humanos.[3] Por lo tanto, se invita a todos los lectores de la Escritura a 'escuchar' la conversación con la esperanza de que ellos también puedan encontrar este estudio beneficioso. 2) El movimiento pentecostal es una

---

[1] Steven Jack Land, *Pentecostal Spirituality: A Passion for the Kingdom* (Cleveland, TN: CPT Press, 2010), pp. 2, 97, 120, 73-80, 212,219. Cf. Mark J. Cartledge, "Affective Theological Praxis: Understanding the Direct Object of Practical Theology", *International Journal of Practical Theology* 8.1 (2004), pp. 34-52 (36).

[2] En lugar del término de uso común 'lectura', prefiero el término 'escuchar' porque (1) es un término bíblico; (2) refleja la oralidad de los contextos bíblicos y pentecostales; (3) es relacional, presuponiendo una voz externa que está hablando; (4) sugiere la obediencia fiel ya que 'escuchar' a menudo significa 'obedecer'; (5) implica transformación, ya que el oído fiel transforma (6) a diferencia del proceso de 'leer' las Escrituras, 'escuchar' implica sumisión a la autoridad del texto. Véase Lee Roy Martin, *The Unheard Voice of God: A Pentecostal Hearing of the Book of Judges* (JPTSup, 32; Blandford Forum, UK: Deo Publishing, 2008), p. 53.

[3] James K.A. Smith, "Desiring the Kingdom: Worship, Worldview, and Cultural Formation", *Christian Scholar's Review* 39.2 (200), pp. 217-32. El autor argumenta de manera convincente que la vida humana está determinada en gran medida por los afectos.

tradición global, diversa y multifacética; por lo tanto, no pretendo hablar en nombre de todos los pentecostales. 3) La exégesis bíblica y la hermenéutica exigen la utilización de una variedad de métodos y enfoques. Por lo tanto, dentro de una hermenéutica bíblica integral, la dimensión afectiva de la Escritura es sólo una de las muchas dimensiones del texto que debe ser investigada como parte de la exégesis sólida. Yo diría, sin embargo, que la dimensión afectiva ha sido pasada por alto y hasta menospreciada en el estudio académico de la Escritura. 4) Este artículo es una propuesta provisional que presento a la comunidad de fe para su respuesta discerniente. Espero que genere más conversaciones sobre el compromiso creativo con el texto bíblico.

Luego entonces, este estudio se dirige al Salmo 63 desde la perspectiva de la espiritualidad pentecostal, una espiritualidad que se caracteriza por una integración de la ortodoxia (creencia correcta), ortopraxia (práctica correcta) y ortopatía (afectos correctos). El tono apasionado del Salmo 63, junto con su tema que destaca el encuentro con Dios, concuerda profundamente con el espíritu pentecostal, que valora tanto la pasión como el encuentro. Una interpretación integral de la Escritura (especialmente la literatura poética) debe incluir la atención a la dimensión afectiva del texto y a las preocupaciones afectivas del intérprete. Los afectos tienen un papel crítico en la interpretación de la Escritura, y las emociones del intérprete deben ser formadas y transformadas por el encuentro con el texto bíblico. Después de discutir por el enfoque afectivo y esbozar sus componentes, ofrezco una interpretación afectiva del Salmo 63. Al final, concluimos con algunas implicaciones del estudio para el discipulado y la formación de los creyentes.

Un enfoque afectivo de la interpretación

El desarrollo de mi enfoque afectivo del Salterio tiene en cuenta la crítica perceptiva de Walter Brueggemann de los enfoques precríticos y críticos para el estudio de los Salmos. Él argumenta, por un lado, que la "tradición devocional de piedad se debilita sin duda al ignorar las perspectivas y las ideas de la beca" y, por otro, que la tradición crítica "es frecuentemente árida, porque persiste excesivamente en cuestiones formales, con incapacidad o renuencia a llevar sus ideas y métodos a cuestiones sustantivas de exposición."[4] La propuesta de Brueggemann de un enfoque 'funcional' pos crítico,[5] en el que las tradiciones críticas y pietísticas se informan y corrijan mutuamente, sitúa los salmos dentro del camino de la fe y reconoce su valor como oraciones para los antiguos hebreos y por las comunidades de fe posteriores.[6]

El enfoque funcional de Brueggemann en sus amplios parámetros deja espacio para la consideración de la calidad emotiva de los Salmos. Se podría argumentar que la dimensión afectiva es demasiado 'subjetiva' para ser incluida en el estudio académico. Esperando objeciones al enfoque afectivo, Daniel C. Mcguire comenta: "No en vano el racionalista está molesto por la inclusión de la afectividad. La afectividad añade misterio y profundidad. Podemos sentir más de lo que podemos ver o decir.".[7] Por esta razón, la erudición bíblica presta poca atención a esta dimensión afectiva de la poesía bíblica en general y de los Salmos en particular. Sin embargo, yo diría que la función de la poesía es evocar (provocar) las pasiones y formar las emociones. El estudio de los Salmos, por lo tanto, puede beneficiarse de una hermenéutica que aprecia las dimensiones afectivas del texto y que aprovecha plenamente las pasiones que el intérprete aporta al texto.

---

[4] Walter Brueggemann, *The Message of the Psalms: A Theological Commentary* (Minneaplis, MN: Augsburg Pub. House, 1984), p. 16.

[5] Walter Brueggemann, *The Psalms and the Life of Faith* (Minneapolis, MN: Fortress Press, 1995), pp. 3-32.

[6] Brueggemann, *The Psalms and the Life of Faith*, pp. 33-66. Mi enfoque no debería confundirse con el enfoque místico, espiritual o alegórico resurgente presentado por David C. Steinmetz, "The Superiority of Pre-Critical Exegesis", *Theology Today* 37 (1980), pp. 27-38, o Celia Kourie, "Reading Scripture through a Mystical Lens", *Acta Theologica* 15/Suppl. (2011), pp. 132-53. Yo también he argumentado que volver a la alegoría o los místicos medievales no es una opción. Véase Lee Roy Martin, "Pre-Critical Exegesis of the Book of Judges and the Construction of a Post-Critical Hermeneutic", *Ekklesiastikos Pharos* 88 (2006), pp. 338-53.

[7] Daniel C. Maguire, "*Ratio Practica* and the Intellectualistic Fallacy", *Journal of Religious Ethics* 10.1 (1982), pp. 22-39 (23).

Muchos reconocen que los afectos desempeñaron un papel significativo en la espiritualidad de Jonathan Edwards[8] y John Wesley.[9] Las corrientes afectivas profundas se han observado también en la tradición ortodoxa oriental,[10] una tradición que influyó tanto en Edwards como en Wesley.[11] Recientemente, B.I. McGroarty ha argumentado que el místico inglés Hilton del siglo XIV que la integridad humana ('salud') no se puede lograr fuera de un

---

[8] Véase, por ejemplo, Jonathan Edwards, *Religious Affections* (Works of Jonathan Edwards; New Haven: Yale University Pr, 1959); Timothy Hessel-Robinson, "Jonathan Edwards (1703-1758): A Treatise Concerning Religious Affections", en *Christian Spirituality* (Londres: Routledge, 2010), pp. 269-80; John E. Smith, "Testing the Spirits: Jonathan Edwards and the Religious Affections", *Union Seminary Quarterly Review* 37.1-2 (1982), pp. 27-37; Roger Ward, "The Philosophical Structure of Jonathan Edward's Religious Affections", *Christian Scholar's Review* 29.4 (2000), pp. 745-68; Wayne L. Proudfoot, "From Theology to a Science of Religions: Jonathan Edwards and William James on Religious Affections", *Harvard Theological Review* 82.2 (1989), pp. 149-68, and Iain D. Campbell, "Jonathan Edwards' Religious Affections as a Paradigm for Evangelical Spirituality", *Scottish Bulletin of Evangelical Theology* 21.2 (2003), pp. 166-86.

[9] Véase Gregory S. Clapper, "John Wesley's Abridgement of Isaac Watts' the Doctrine of the Passions Explained and Improved", *Wesleyan Theological Journal* 43.2 (2008), pp. 28-32; idem, *John Wesley on Religious Affections: His Views on Experience and Emotion and Their Role in the Christian Life and Theology* (Pietist and Wesleyan Studies; Metuchen, NJ: Scarecrow Pr, 1989); Kenneth J. Collins, "John Wesley's Topography of the Heart: Dispositions, Tempers, and Affections", *Methodist History* 36.3 (1998), pp. 162-75; and Randy L. Maddox, "A Change of Affections: The Development, Dynamics, and Dethronement of John Wesley's Heart Religion", en *'Heart Religion' in the Methodist Tradition and Related Movements* (Lanham, MD: Scarecrow Press, 2001), pp. 3-31.

[10] Véase Edmund J. Rybarczyk, "Spiritualities Old and New: Similarities between Eastern Orthodoxy & Classical Pentecostalism", *Pneuma* 24.1 (2002), pp. 7-25, que sostiene que los ortodoxos, como los pentecostales, insisten firmemente en que el "conocimiento de Dios no se limita al dominio intelectual de la existencia humana, más bien el creyente es capaz de sentir y escuchar a Dios visceralmente y de manera profunda" (p. 10). Véase también Edmund J. Rybarczyk, *Beyond Salvation: Eastern Orthodoxy and Classical Pentecostalism on Becoming Like Christ* (Paternoster Theological Monographs; Carlisle, UK: Paternoster Press, 2004); Ecumenical Patriarch Bartholomew, *Encountering the Mystery: Understanding Orthodox Christianity Today* (Nueva York: Doubleday, 1st ed., 2008); Vladimir Lossky, *The Mystical Theology of the Eastern Church* (Londres: J. Clarke, 1ra ed, 1957), y Alexander Schmemann, *The Historical Road of Eastern Orthodoxy* (Chicago: H. Regnery, 1966).

[11] Véase por ejemplo, Michael James McClymond y Gerald R. McDermott, *The Theology of Jonathan Edwards* (Nueva York: Oxford University Press, 2012), y S.T. Kimbrough, *Orthodox and Wesleyan Spirituality* (Crestwood, NY: St. Vladimir's Seminary Press, 2002).

compromiso afectivo con Dios.[12] Por su parte, Dale Coulter ha escrito sobre la dimensión afectiva en los documentos de Catalina de Siena,[13] Bernardo de Clairvaux, Ricardo de San Víctor, Catalina de Génova y Martín Lutero, concluyendo que su teología común del "encuentro se centra en la afectividad como punto de contacto entre lo divino y lo humano."[14] Además, Jeffrey Gros señala la importancia de la "preocupación por la experiencia humana directa de Cristo" en el movimiento franciscano.[15] Estos estudios, entre muchos otros, han demostrado que la atención a la formación de los afectos está presente en una amplia variedad de tradiciones.

Steven Land observa que mientras que los pentecostales aceptan la necesidad de la ortodoxia (doctrina correcta) y la ortopraxia (práctica correcta), ven la ortopatía (afectos correctos) como el centro integrador de la ortodoxia y la ortopraxia.[16] En consecuencia, un enfoque pentecostal reconocería a los Salmos no sólo como testimonio de la teología y la práctica correcta, sino también como un asesor en la formación del afecto. Los afectos, que no deben confundirse con sentimientos o emociones transitorias, son las disposiciones y pasiones perdurables del corazón que caracterizan los deseos más profundos de una persona.[17] Los salmos, por lo tanto, nos enseñan no sólo qué pensar (ortodoxia) y qué hacer (ortopraxia), sino también qué desear (ortopatía). Dicho de otra manera, los

---

[12] Brendan Ignatius McGroarty, "Humility, Contemplation and Affect Theory", *Journal of Religion and Health* 45.1 (2006), pp. 57-72.

[13] Catherine of Siena, *The Dialogue* 13 (traducción e introducción por Suzanne Noffke, OP; Nuev York, NY: Paulist Press, 1980), p. 48; citado en Dale Coulter, "Pentecostals and Monasticism: A Common Spirituality?", *Assemblies of God Heritage* 30 (2010), pp. 43-9 (45).

[14] Dale M. Coulter, "The Spirit and the Bride Revisited: Pentecostalism, Renewal, and the Sense of History", *Journal of Pentecostal Theology* 21.2 (2012).

[15] Jeffrey Gros, "Ecumenical Connections across Time: Medieval Franciscans as a Proto-Pentecostal Movement?", *Pneuma* 34.1 (2012), pp. 75-93 (75). Gros hace le llamado "hacia una robusta apreciación de la experiencia espiritual" (p. 91).

[16] Land, *Pentecostal Spirituality*, pp. 21, 34, 127-59. Véase también Cartledge, "Affective Theological Praxis", pp. 34-52 (36).

[17] Land, *Pentecostal Spirituality*, p. 34. Véase Thomas Ryan, "Revisiting Affective Knowledge and Connaturality in Aquinas", *Theological Studies* 66.1 (2005), pp. 49-68 (55-58, 63). The affections, of course, play a key role in the creation of feelings and emotions.

salmos contribuyen al aprendizaje intelectual y afectivo: Para Ognibene, "el aprendizaje intelectual tiene como objetivo aprender los hechos y su relación y el análisis racional. En el aprendizaje afectivo, por otro lado, predominan los sentimientos y las emociones. Con el aprendizaje afectivo se pretende desarrollar sensibilidades emocionales y morales y lograr un profundo compromiso con ciertos valores.[18] Por otro lado, Mark Cartledge añade: "De hecho, se podría argumentar que los afectos informan no sólo la creencia y la acción, sino también la imaginación, sin la cual los avances significativos en la comprensión serían imposibles."[19]

El proceso de interpretación afectiva requiere al menos cuatro movimientos cooperativos por parte del oyente. En primer lugar, el oyente del salmo debe identificar y reconocer las dimensiones afectivas del texto, un reconocimiento que no es de ninguna manera automático o común para los eruditos, que tienden a concentrar su atención en las preocupaciones críticas históricas. Cada salmo incluye una dimensión afectiva, que puede implicar esperanza o desesperación, amor u odio, confianza o miedo, admiración o desprecio, orgullo o vergüenza, alegría o tristeza, por mencionar sólo algunos ejemplos. El género poético exige que el oyente preste atención a su contenido emotivo.

En segundo lugar, el lector del salmo debe reconocer sus propias pasiones con la cual entran al proceso interpretativo. Es importante que al leer el texto reconozca cuando sus afectos corresponden a los afectos del salmista y cuando no se corresponden, porque las pasiones del oyente pueden impactar dramáticamente la interpretación resultante.

En tercer lugar, el lector del salmo debe estar abierto al impacto emotivo del texto. Antes de que el lector pueda experimentar la dimensión afectiva del texto, se le puede exigir que entre en el mundo del salmista y entre en la marea emotiva de la corriente textual. Por ejemplo, Robert O. Baker sostiene que la lectura del texto bíblico involucra tanto la mente como las afecciones del lector. Insiste en

---

[18] Richard Ognibene y Richard Penaskovic, "Teaching Theology: Some Affective Strategies", *Horizons* 8.1 (1981), pp. 97-108 (98).

[19] Cartledge, "Affective Theological Praxis", p. 38. Véase Smith, *Desiring the Kingdom*, pp. 135, 52.

que "leer la Biblia no es sólo una experiencia cognitiva, sino también afectiva."[20] Además, Baker argumenta que la búsqueda de

> entender el contenido racional de un texto sin tratar también de experimentar y reflexionar sobre su efecto emotivo podría torcer el mensaje del texto. Al comprometerse a leer el texto objetivamente desde una distancia crítica, el lector subvierte el poder evocador del texto o al menos es incapaz de expresar el sentimiento que el texto evoca en él o ella.[21]

En cuarto lugar, el oyente debe dejarse transformar por la experiencia afectiva del salmo. A medida que el oyente involucra el texto bíblico, sus afectos son moldeados por esa relación. "La capacidad afectiva de la persona puede modificarse y, por lo tanto, crecer en sensibilidad, intensidad y alcance."[22] En su papel canónico como Escritura, el libro de Salmos hace una contribución significativa a una teología de la adoración, y parte del mensaje de los Salmos es que la adoración correcta comienza con afectos orientados con razón. Así, al leer a los Salmos, los deseos del corazón son transformados y redirigidos a Dios para que los afectos de gratitud, confianza y amor—afectos que fomentan adoración—se generen y sean nutridos.

Aunque insisto en que la tercera y la cuarta medida son esenciales para un compromiso afectivo con el texto, admito que son difíciles (si no imposibles) de describir en un solo documento escrito. Son experiencias que pueden ser validadas por el testimonio y la descripción (como en mi propio testimonio que comenzó este artículo), pero la experiencia transformadora en sí está fuera de los límites del discurso escrito. En consecuencia, la mayor parte de mi

---

[20] Robert O. Baker, "Pentecostal Bible Reading: Toward a Model of Reading for the Formation of the Affections", *Journal of Pentecostal Theology* 7 (1995), pp. 34-48 (46). Véase Martín, *The Unheard Voice of God*, pp. 70-1. Véase también W. Dow Edgerton, *The Passion of Interpretation* (Literary Currents in Biblical Interpretation; Louisville, KY: Westminster/John Knox Press, 1992), quien está de acuerdo en que cada interpretación involucra las pasiones del intérprete. Véase también Cartledge, "Affective Theological Praxis", pp. 42, 51, y Kenneth J. Archer, *A Pentecostal Hermeneutic: Spirit, Scripture and Community* (Cleveland, TN: CPT Press, 2009), p. 234.

[21] Baker, "Pentecostal Bible Reading", pp. 34 a 35.

[22] Ryan, "Revisiting Affective Knowledge", p. 57.

estudio prestará atención a los dos primeros movimientos del proceso hermenéutico afectivo.

En lo que sigue, pondré más atención a lo afectivo del Salmo 63. Mi ubicación interpretativa dentro de la comunidad pentecostal me ha hecho apreciar la dimensión afectiva de los Salmos[23] y, encuentro que el Salmo 63 es, particularmente, adecuado para una interpretación pentecostal afectiva. El anhelo del salmista de encontrar el poder y la gloria de Dios es consistente con las aspiraciones pentecostales. Las oraciones apasionadas y las exuberantes oraciones que encontramos en el Salmo 63 son consistentes con el espíritu de la adoración pentecostal.

Como se ha indicado anteriormente, la apreciación de la dimensión afectiva del texto es sólo un aspecto de una hermenéutica integral. Los elementos afectivos se vuelven más claros y precisos cuando emergen de la exégesis pura. Por lo tanto, como base para el estudio, vamos a ver el texto del Salmo 63 y examinar su estructura y género.

Una traducción de Salmo 63

מִזְמוֹר לְדָוִד בִּהְיוֹתוֹ בְּמִדְבַּר יְהוּדָה [1]	[1] Un salmo de David cuando estaba en el desierto de Judá.
אֱלֹהִים אֵלִי אַתָּה אֲשַׁחֲרֶךָּ [2]	[1] Oh Dios, mi Dios eres tú; de madrugada te buscaré;
צָמְאָה לְךָ נַפְשִׁי	Mi alma tiene sed de ti,
כָּמַהּ לְךָ בְשָׂרִי	Mi carne te anhela,
בְּאֶרֶץ־צִיָּה וְעָיֵף בְּלִי־מָיִם	en tierra seca y árida donde no hay aguas,
כֵּן בַּקֹּדֶשׁ חֲזִיתִיךָ [3]	[2] Como te contemplaba en el santuario,
לִרְאוֹת עֻזְּךָ וּכְבוֹדֶךָ	Para ver tu poder y tu gloria.
כִּי־טוֹב חַסְדְּךָ מֵחַיִּים [4]	[3] Porque mejor es tu misericordia que la vida;
שְׂפָתַי יְשַׁבְּחוּנְךָ	Mis labios te alabarán.
כֵּן אֲבָרֶכְךָ בְחַיָּי [5]	[4] Así te bendeciré durante toda mi vida;

---

[23] Lee Roy Martin, "Delight in the Torah: The Affective Dimension of Psalm 1", *Old Testament Essays* 23.3 (2010), pp. 708-27 (18).

בְּשִׁמְךָ אֶשָּׂא כַפָּי	En tu nombre alzaré mis manos.
⁶ כְּמוֹ חֵלֶב וָדֶשֶׁן תִּשְׂבַּע נַפְשִׁי	⁵ Como de meollo y de enjundia será saciada mi alma,
וְשִׂפְתֵי רְנָנוֹת יְהַלֶּל־פִּי	Y con labios de júbilo te alabará mi boca,
⁷ אִם־זְכַרְתִּיךָ עַל־יְצוּעָי	⁶ Cuando me acuerdo de ti en mi lecho,
בְּאַשְׁמֻרוֹת אֶהְגֶּה־בָּךְ	Cuando medito en ti en las vigilias de la noche.
⁸ כִּי־הָיִיתָ עֶזְרָתָה לִּי	⁷ Porque has sido mi socorro,
וּבְצֵל כְּנָפֶיךָ אֲרַנֵּן	Y así en la sombra de tus alas me regocijaré.
⁹ דָּבְקָה נַפְשִׁי אַחֲרֶיךָ	⁸ Está mi alma apegada a ti;
בִּי תָּמְכָה יְמִינֶךָ	Tu diestra me sostiene.
¹⁰ וְהֵמָּה לְשׁוֹאָה יְבַקְשׁוּ נַפְשִׁי	⁹ Pero los que buscan mi vida para destruirla,
יָבֹאוּ בְּתַחְתִּיּוֹת הָאָרֶץ	Caerán en las honduras de la tierra.
¹¹ יַגִּירֻהוּ עַל־יְדֵי־חָרֶב	¹⁰ Los destruirán a filo de espada;
מְנָת שֻׁעָלִים יִהְיוּ	Serán pasto de los chacales.
¹² וְהַמֶּלֶךְ יִשְׂמַח בֵּאלֹהִים	¹¹ Pero el rey se alegrará en Dios;
יִתְהַלֵּל כָּל־הַנִּשְׁבָּע בּוֹ	Será alabado cualquiera que jura por él;
כִּי יִסָּכֵר פִּי דוֹבְרֵי־שָׁקֶר	Porque la boca de los que hablan mentira será cerrada.

Estructura y Género del Salmo 63

La estructura del Salmo 63 no está clara,[24] y los eruditos han dividido el salmo en una variedad de maneras.[25] Para un estudio ideal sugiero una estructura de cuatro partes, comenzando después de lo sobre escrito (v. 1):[26]

1. *Un Anhelo por la Presencia de Dios*). Los versículos 2-3 se unen como una introducción que establece el tema general del salmo como la intención del salmista de perseguir apasionada y habitualmente la presencia de Dios.

2. *Alabanza por la bondad de Dios*. La segunda sección (vv. 4-6), como la primera, incluye una afirmación que se expresa sintácticamente con la falta de una cláusula verbal ("tú *eres* mi Dios" y "tu bondad *es* mejor que la vida"). Las cláusulas sin verbos van seguidas por declaraciones de intención futura ("Te buscaré" y "mis labios te alabarán"). Las dos primeras secciones se unen por la conjunción "por tanto" (כן). La primera sección comienza con la búsqueda de Dios y termina con ver a Dios. La segunda sección comienza y termina con la mención de la alabanza, y cada uno de sus versículos (4-6) menciona la alabanza literal o figurativamente. Cada verbo de esta sección es un *yiqtol* y debe traducirse como tiempo futuro.

---

[24] Véase Michael Wilcock, *The Message of Psalms 1–72: Songs for the People of God* (Bible Speaks Today; Downers Grove, IL: InterVarsity Press, 2001), I, p. 222 y Marvin E. Tate, *Psalms 51-100* (Word Biblical Commentary, p. 20; Dallas, TX: Word Books, 1990), p. 125.

[25] James Limburg, *Psalms* (Westminster Bible Companion; Louisville, KY: Westminister John Knox Press, 1ra ed., 2000), pp. 208-10, divide el salmo en tres partes: vv. 1-4, cuerpo y alma; vv. 5-8, recordando; y vv. 9-11, regocijo. J.P. Fokkelman, *The Psalms in Form: The Hebrew Psalter in Its Poetic Shape* (Herramientas para el estudio bíblico, 4; Leiden: Deo Publishing, 2002), p. 71, encuentra seis divisiones compuestas por los siguientes versículos: 2-3, 4-5, 6-7, 8-9, 10-11, 12.

[26] Seguiré la versificación hebrea. Cada una de las cuatro secciones consta de tres bicola excepto el verso final, que concluye enfáticamente con una tricola. Véase Samuel L. Terrien, *The Psalms: Strophic Structure and Theological Commentary* (Eerdmans Critical Commentary; Grand Rapids, MI: Eerdmans, 2003), pp. 460-1, y Hans-Joachim Kraus, *Psalms 60-150: A Commentary* (trad. Hilton C. Oswald; Minneapolis, MN: Augsburgo, 1989), p. 18. Véase también J.W. Rogerson y John W. McKay, *Psalms* (3 vols.; Cambridge: Cambridge University Press, 1977), II, pp. 64-5, que encuentran la misma estructura, excepto que separan el verso final como una sección separada.

3. *Recuerdo de la fidelidad de Dios.* La tercera sección (vv. 7-9) se mantuvo unida por un enfoque en el recuerdo de las acciones de Dios en el pasado.[27] Los versículos 7-8 consisten en dos oraciones compuestas, cada una de las cuales comienza con un verbo *qatal* y es seguida por un *yiqtol* habitual.[28] El versículo 9 se compone de dos frases que utilizan verbos *qatales*.

4. *Regocijo en la Protección del Pacto de Dios.*[29] La cuarta sección (vv. 10-12) se convierte en la caída final de los enemigos del salmista, y todos los verbos son *yiqtols* que deben traducirse en tiempo futuro.

Las cuatro secciones del Salmo 63 están unidas por dos hilos paralelos que están presente en todo el salmo. El primer hilo son las afirmaciones del salmista sobre Dios que se expresan directamente o están implícitas por la voz pasiva: Dios es su Dios (v. 2); La misericordia del Pacto de Dios es mayor que la vida (v. 3); Dios satisfará los deseos del salmista (v. 5); Dios ha sido la ayuda del salmista (v. 7) y el apoyo (v. 8); Dios destruirá a los enemigos del salmista (vv. 9, 10, 11). El segundo hilo consiste en declaraciones que describen la respuesta del salmista a Dios. Estas respuestas se pueden resumir en dos categorías: buscar a Dios (vers. 2) y alabar a Dios (vv. 3, 4, 5, 7, 11). También podemos inferir que las acciones pasadas del salmista son apropiadas para el presente y el futuro. Estas respuestas pasadas son recordar a Dios (v. 6), meditar en Dios (v. 6), y permanecer cercano de Dios (v. 8).

Al igual que los lamentos, el Salmo 63 comienza con un discurso directo a Dios (v. 2), e incluye otros elementos que son comunes a los lamentos: una mención de los enemigos (v. 9), una promesa de alabar a Dios (v. 11) y una declaración de confianza (v. 7). En consecuencia, varios eruditos han clasificado el Salmo 63 como un

---

[27] Véase Susanne Gillmayr-Bucher, "David, Ich Und Der König: Fortschreibung Und Relecture in Psalm 63", en Josef M. Oesch, Andreas Vonach, y Georg Fischer (eds.), *Horizonte Biblischer Texte: Festschrift Für Josef M. Oesch Zum 60. Geburtstag* (Gotinga: Vandenhoeck & Ruprecht, 2003), pp. 71-89 (76) y Charles Augustus Briggs y Emilie Grace Briggs, *A Critical and Exegetical Commentary on the Book of Psalms* (International Critical Commentary; 2 vols.; Edimburgo: T. & T. Clark, 1969), II, p. 74, y en referencia a v. 8 como tiempo pasado, véase Kraus, *Psalms 60-150*, p. 17.

[28] Véase Gillmayr-Bucher, "David, Ich Und Der König", p. 74.

[29] Gillmayr-Bucher, "David, Ich Und Der König", p. 76, está de acuerdo que los versículos 10-12 son una sola unidad.

lamento individual.[30] Sin embargo, la dirección directa a Dios, aunque común a los lamentos, no se limita a ellos (por ejemplo, Sal. 8:1; 9:1; 18:1; 21:1; 30:1; 65:1; 84:1; 101:1; 104:1; 115:1; 138:1; 145:1), y por lo tanto no es una característica que define el lamento. Además, los lamentos funcionan como una voz de protesta y queja a Dios, y el Salmo 63 no contiene una protesta o queja, ni contiene ninguno de los indicadores habituales de queja, como las preguntas '¿Por qué...?' y '¿Cuánto tiempo...?'. Se menciona a los enemigos, pero no se presentan como una amenaza directa e inmediata. En cambio, existen como una realidad política constante, un obstáculo cotidiano para el rey. Además, los salmos de lamento funcionan como peticiones a Dios para su intervención inmediata, pero el Salmo 63 no contiene tal súplica. Algunos comentaristas traducirían los verbos en los versículos 10-11 como peticiones, pero sospecho que lo hacen porque están predispuestos a clasificar el salmo como un lamento.[31]

Los lamentos normalmente emergen de la percepción de que Dios está ausente, distante y no responde. La ausencia de Dios se percibe a través de la presencia de problemas, como enemigos o enfermedades, que plagan al salmista. En el salmo de lamento, la súplica por el regreso de Dios y por la presencia de Dios está asociada con una petición de liberación. Cuando Dios regrese al salmista, intervendrá para responder a las peticiones del salmista. El Salmo 63, sin embargo, es diferente del lamento en que expresa una súplica por la presencia de Dios, aparte de una petición específica de liberación. La súplica por la presencia de Dios no está asociada con ninguna otra petición. La presencia de Dios es un fin en sí mismo. Los enemigos pueden estar presentes y pronto serán vencidos, pero aún así la petición se centra más directamente en un anhelo por Dios mismo.

A la luz de las consideraciones anteriores, John Goldingay, junto con otros eruditos, ha identificado el Salmo 63 como un canto de

---

[30] Nancy L. DeClaissé-Walford, *Introduction to the Psalms: A Song from Ancient Israel* (St. Louis, MO: Chalice Press, 2004), p. 147; C. Hassell Bullock, *Encountering the Book of Psalms: A Literary and Theological Introduction* (Encountering Biblical Studies; Grand Rapids, MI: Baker Academic, 2001), p. 144.

[31] Para una explicación de las dificultades para interpretar los tiempos de verbos hebreos en poesía, véase Alviero Niccacci, "Analysing Biblical Hebrew Poetry", *Journal for the Study of the Old Testament* 74 (1997), pp. 77-93, particularmente la p. 91.

confianza.[32] Las 'canciones de confianza', como las describe Brueggemann, pueden haberse desarrollado como una expansión de la declaración de confianza que se encuentra comúnmente en los lamentos. Dentro de la tipología de Brueggemann, estas canciones funcionan para expresar una "nueva orientación" similar a la perspectiva transmitida por las canciones de acción de gracias. Las canciones de confianza, sin embargo, son más "generalizadas" y "más alejadas de la crisis y más reflexivas" que las canciones de acción de gracias.[33] Ofreciendo una nueva orientación para vivir en pacto con Dios, el Salmo 63 reflexiona sobre la fidelidad pasada de Dios, expresa el profundo anhelo del salmista por la presencia de Dios y afirma el compromiso de por vida del salmista de buscar a Dios y alabar a Dios.

Una Audiencia Pentecostal para el Salmo 63

Nuestra visión general del texto, la estructura y el género del Salmo 63 revela una serie de componentes afectivos que se cruzan con la espiritualidad pentecostal. En la primera sección del salmo (vv. 2-3), el suplicante expresa un anhelo insaciable por la presencia de Dios. Un ambiente de alegría y gratitud impregna la segunda sección (vv. 4-6). La tercera sección (vv. 7-9) expresa gratitud, pero es un agradecimiento que conduce a expresiones de profunda confianza y compromiso con Dios. La sección final (vv. 10-12) del salmo registra un estado de ánimo de esperanza segura para el futuro.

---

[32] John Goldingay, *Psalm* (Baker Commentary on the Old Testament Wisdom and Psalms; 3 vols.; Grand Rapids, MI: Baker Academic, 2006), II, p. 255. Claus Westermann, *The Living Psalms* (Grand Rapids, MI: Eerdmans, 1989), la clasifica como una canción de confianza (p. 57), pero para él la canción de confianza es una subcategoría del lamento (p. 58). Tate, *Psalms 51-100*, p. 125, insiste en que "las declaraciones afirmativas, como testimonios en vv. 4-5, 6-8, 9 indican claramente que se trata de un salmo de confianza."

[33] Brueggemann, *Message of the Psalms*, p. 152.

El Anhelo por la Presencia de Dios (vv. 2-3)

La pasión por Dios es evidente en las primeras palabras del salmista: "Dios, tú eres mi Dios".[34] El salmo entero, por lo tanto, se basa en la certeza de la relación humana divina;[35] y "el enfático 'mi Dios' expresa el vínculo del pacto con todas sus garantías."[36] Dios le había dicho a Israel: "seré su Dios, y ustedes serán mi pueblo" (Lev. 26:12). La relación es una de pacto.

Debido a que Dios es su Dios, el salmista determina que buscará a Dios "fervientemente" (שחר). En lugar de utilizar el בקש más formal,[37] el salmista elige un verbo denominativo de la palabra que significa "amanecer" y que "connota buscar con todo el corazón",[38] "buscar con nostalgia, de todo corazón, desesperadamente".[39] Así, el salmista "expresa un deseo poderoso y anhelo de la presencia cercana de Dios."[40]

El anhelo de Dios se hace más concreto a través del llanto metafórico y anhelo: "Mi alma tiene sed de ti, mi carne te anhela."[41] El lenguaje del hambre y la sed "expresa la intensidad de la relación

---

[34] Kraus, *Psalms 60-150*, p. 17, argumenta que אלהים אלי אתה אשחרך debe ser representado, "Dios mío, tú—Te busco", para que אתה funciones para añadir énfasis (Véase Gen. 49.8). Sin embargo, está claro que en sus otras cuatro ocurrencias (Sal. 22.11; 118.28; 140.7; cf. también Ps. 31.15), la frase אלהי אתה debe ser traducido "tú eres mi Dios", y yo diría que tiene el mismo significado aquí. Cf. Franz Delitzsch, *Biblical Commentary on the Psalms* (trad. Francis Bolton; 3 vols.; Grand Rapids, MI: Eerdmans, 1867). En cualquier caso, la afirmación personal ("Dios mío") es clara y llamativa.

[35] Briggs y Briggs, *The Book of Psalms,* II, p. 72.

[36] John Eaton, The Psalms: A Historical and Spiritual Commentary with an Introduction and New Translation (Londres: T & T Clark International, 2003), p. 235.

[37] A.A. Anderson, *The Book of Psalms: Based on the Revised Standard Version* (New Century Bible Commentary; 2 vols.; Grand Rapids, MI: Eerdmans, 1981), I, p. 456.

[38] Mitchell J. Dahood, *Psalms* (Anchor Bible; 3 vols.; Garden City, NY: Doubleday, 1966), p. 96.

[39] David J.A. Clines (ed.), *The Concise Dictionary of Classical Hebrew* (Sheffield, Reino Unido: Sheffield Phoenix Press, 2009), p. 456.

[40] Tate, *Psalms 51-100*, p. 127.

[41] El verbo כמה es un *legomenon hapax* cuyo significado, "largo, anhelado", se deduce de los cognados semíticos y del contexto. Véase Clines (ed.), *The Concise Dictionary of Classical Hebrew*, p. 178.

íntima entre el salmista y Dios." [42] La combinación de "alma" y "carne" significa que toda la persona está involucrada en el anhelo.[43] El anhelo de cuerpo y alma habla de "una religión que está satisfecha con nada menos que Dios mismo y está preparada para esperar y esperar en Dios.[44]

El nivel de anhelo del salmista es igual al de una "tierra árida y sedienta, carente de agua." Aunque la referencia a la "tierra árida y carente de agua" es probablemente metafórica,[45] proporciona sin embargo una imagen vívida que sería fácilmente identificable para los oyentes palestinos originales del salmo. Recuerda una declaración similar encontrada anteriormente en el Salterio: "Como el ciervo anhela las corrientes de agua, así suspira por ti, oh Dios, el alma mía. Mi alma tiene sed de Dios, del Dios vivo" (Sal. 42:1-2).

El salmista anhela, en cuerpo y alma, por su Dios. Anhela profunda y apasionadamente la presencia de Dios, una presencia que ha experimentado en el pasado. La ausencia de Dios es aún más dolorosa dada la memoria de tiempos gozosos anteriores en el "santuario", entre el pueblo de Dios.[46] En el lugar santo de Dios, relata el salmista: "Te he contemplado en el santuario para admirar tu

---

[42] James L. Crenshaw, *The Psalms: An Introduction* (Grand Rapids, MI: Eerdmans, 2001), p. 15. Es probable que צמא en el perfecto signifique un estado de sed que comenzó en el pasado y continúa en el presente (cf. Juicio 4.19).

[43] Briggs y Briggs, *The Book of Psalms,* II, p. 73.

[44] John W. McKay, "The Experiences of Dereliction and of God's Presence in the Psalms: An Exercise in Old Testament Exegesis in the Light of Renewal Theology", en Paul Elbert (ed.) *Faces of Renewal: Studies in Honor of Stanley M. Horton Presenteon on His 70th Birthday* (Peabody, MA: Hendrickson Publishers, 1988), pp. 3-19 (10). En su estudio de los Salmos, McKay propone "buscar un momento bajo la piel de rituales (reconstruidos) en un intento de aprovechar el latido de la experiencia religiosa en muchos salmos de lamentación que hablan de abandono y anhelo de la presencia de Dios."

[45] Artur Weiser, *The Psalms: A Commentary* (Philadelphia: Westminster, 1962), p. 454. Cf. Tate, *The Psalms 51-100*, p. 127, y Crenshaw, *Psalms*, p. 16.

[46] Weiser, *The Psalms: A Commentary*, p. 454, afirma que el escenario de todo el salmo es el santuario. Cf. E.W. Hengstenberg, *Commentary on the Psalms* (3 vols.; Cherry Hill, NJ: Mack Publishing, 4a ed, 1972), II, p. 303. Yo diría, sin embargo, que nada en el salmo sugiere que el salmista está en el santuario. En cambio, está lejos del santuario, y "describe sus antiguos tiempos de adoración en el santuario" (Stephen J. Lennox, *Psalms: A Bible Commentary in the Wesleyan Tradition* (Indianapolis, IN: Wesleyan Pub. 1999, p. 197).

poder y tu gloria". "Como (כן) su alma así sedienta de Dios y anhelaba por él, se le permitió contemplarlo."[47] El anhelo del salmista de encontrar a Dios en el santuario encuentra ecos en otros textos de los salmos: "Anhela mi alma, y aun desea con ansias los atrios del Señor" (Sal. 84:2); "en la casa del Señor moraré por largos días" (Sal. 23:6); y "que habite yo en la casa del Señor todos los días de mi vida, para contemplar la hermosura del Señor" (Sal. 27:4).

El salmista testifica de haber "visto" (חזה) a Dios.[48] Kraus sugiere que el verbo probablemente se refiere a una teofanía,[49] pero Anderson contrarresta que, aunque חזה se "utiliza como término técnico para recibir visiones proféticas ... la alusión en el versículo 2 no tiene por qué ser para una teofanía o visión."[50] Tratando de describir el encuentro del salmista, Tate escribe: "La experiencia visionaria del verbo חזה (ver/tener una visión) no se describe en detalle, y sin duda diferiría en forma y grado entre los adoradores." La visión del salmista de Dios puede haber implicado rituales físicos y puede incluir lo "verbal y mental, combinado con el rico simbolismo del templo."[51]

Cualquiera que sea la forma que tomó la visión, se describe aquí como una manifestación del "poder y gloria" de Dios. Las dos líneas de v. 3 se paran en paralelo entre sí con la segunda línea refinando la primera. La frase, "Te he contemplado", se reitera como "contemplar tu poder y tu gloria." [52] El "poder" de Dios es su capacidad soberana de elegir, de actuar e intervenir en el mundo (tanto para el juicio como para la salvación). Su "gloria" es la muestra de su pesadez, su genialidad, su majestad y su santidad. La visión de Dios y la

---

[47] Weiser, The Psalms: A Commentary, pp. 454-55.

[48] Clines (ed.), The Concise Dictionary of Classical Hebrew, p. 111, indica que la palabra significa "ver, percibir".

[49] Kraus, Psalms 60-150, p. 19.

[50] Anderson, The Book of Psalms, I, p. 456.

[51] Tate, Psalms 51-100, p. 127.

[52] La construcción infinitiva aquí es efexegética o circunstancial. Véanse Wilhelm Gesenius, E. Kautzsch, y A. E. Cowley, Gesenius' Hebrew Grammar (Oxford: The Clarendon Press, 2da ed. en inglés, 1910), §114o; Bruce K. Waltke y Michael Patrick O'Connor, An Introduction to Biblical Hebrew Syntax (Lago Winona, IN: Eisenbrauns, 1990), §36.2.3e; Paul Joüon y T. Muraoka, A Grammar of Biblical Hebrew (Subsidia Biblica, 14; Roma: Instituto Bíblico Pontificio, 1991), §124o. Cf. el RSV.

celebración del poder y la gloria de Dios se refieren a un encuentro con Dios, una experiencia de la presencia de Dios que había disfrutado en ocasiones anteriores y "por la que el corazón del salmista tiene sed."[53] Kraus concluye: "Esta profunda estima de la comunión con Dios forma el centro real del profundo salmo."[54]

Gratitud (vv. 4-6)

Después de la articulación conmovedora de su anhelo insaciable por la presencia de Dios, el salmista brota en alabanza gozosa. "Te bendeciré", declara a Dios, "porque tu bondad(חסד)es mejor que la vida." Antes del Salmo 63, la vida humana en su plenitud, disfrutada en pacto con Dios, se entendía como el beneficio último del חסד de Dios, su lealtad al pacto.[55] Ahora, sin embargo, el salmista sugiere que la bondad y la vida en Dios podrían ser vistas como dos esferas separadas. Kraus insiste en que esta "discriminación entre la bondad y la vida era algo totalmente nuevo."[56] Eaton supone que el salmista se esfuerza por "expresar la maravilla inexpresable de quien experimenta" el amor del pacto de Dios.[57] De acuerdo con Eaton, Terrien afirma: "Ningún otro salmista expresa con tonos tan ambiguos y convincentes su entendimiento del abrazo divino."[58]

En celebración del amor fiel de Dios, el salmista se compromete a "alabar" a Dios, a "bendecir" a Dios y a "levantar" sus manos a Dios en adoración. Levantar las manos es la "actitud acostumbrada del adorador en la oración ... un signo de una confianza expectante de que las manos vacías serán 'llenas' con bendiciones divinas."[59] Esta elaborada alabanza no se ofrecerá breve o intermitentemente;

---

[53] Rogerson y McKay, *Salmos*, II, p. 65.

[54] Kraus, *Psalms 60-150*, p. 21.

[55] Clines (ed.), *The Concise Dictionary of Classical Hebrew*, p. 126, define חסד como "lealtad, fidelidad, bondad, amor, misericordia", una definición bastante amplia.

[56] Kraus, *Psalms 60-150*, p. 20.

[57] Eaton, *The Psalms*, p. 235.

[58] Terrien, *The Psalms*, p. 462.

[59] Anderson, *The Book of Psalms*, I, p. 457.

continuará a lo largo de la "vida" del salmista. Promete bendecir al Señor "en adoración perpetua".[60]

El estado de ánimo de júbilo exuberante se ve reforzado con la afirmación: "Como de meollo y de grosura será saciada mi alma." "Meollo y grosura" puede "formar un *hendiadys* que significa 'alimento muy rico'",[61] o la expresión puede referirse a "las fiestas de sacrificio que caracterizaron las estaciones de regocijo ante Dios en la adoración del templo."[62] De cualquier manera, el salmista anticipa una gran fiesta, pero no literalmente; en cambio está contemplando una especie de satisfacción que será "como" la satisfacción de una gran fiesta. Por lo tanto, el salmista vuelve a imaginar que las bendiciones de Dios son distintas a las del mundo material. La bondad de Dios es como una deleitable fiesta que sacia la sed y satisface el hambre. Debido a la bondad de Dios, el salmista puede esperar una vida plena y gozosa; y como es bendecido, su boca "con labios de júbilo [le alabará]."

Confianza y compromiso (vv. 7-9)

La tercera sección del Salmo 63 sigue expresando gratitud, pero el tono transicional a un modo de profunda confianza y compromiso a Dios. Mientras que el vv. 4-6 declara el valor presente y futuro de la infinita bondad de Dios, vv. 7-9 recuerda los beneficios pasados de la relación del salmista con Dios. El salmista afirma que, así como Dios le ha sido fiel, él ha sido fiel a Dios recordándose (זכר) de Dios y meditando (הגה) en Dios, dos actividades que indican profunda devoción y compromiso.

El salmista recuerda que, con Dios como su "ayuda", él gritó de alegría bajo la cobertura de las "alas" de Dios, que representan la "protección" de Dios.[63] Recuerda además que "se aferró" a Dios y que Dios lo apoyó. La frase "apegada" es difícil de traducir al español. El verbo דבק significa "aferrarse, unirse, apegarse" (cf. Gén. 2:24), pero en combinación con אחרי, aparentemente significa "perseguir o

---

[60] Briggs y Briggs, *The Book of Psalms,* II, p. 73.

[61] Tate, *Psalms 51-100,* p. 124. Cf. Anderson, *The Book of Psalms,* I, p. 458.

[62] Briggs y Briggs, *The Book of Psalms,* II, p. 73.

[63] Anderson, *The Book of Psalms,* I, p. 458.

seguir muy de cerca".[64] Metafóricamente, significa "ealtad, afecto, etc."[65] Se manda a Israel que "se aferre" a Yahweh (Deut. 10:20; 13:5; Josh. 23:8; Ps. 119:31). Mientras el salmista se "pegaba" a Dios, Dios lo "sostenía" con su poderosa "mano derecha". "Con toda la fuerza de su voluntad se aferra a Dios, a quien debe su apoyo hacia afuera y hacia dentro."[66] Esta relación recíproca "es casi una definición en el lenguaje personalizado de la relación *apegada* entre Dios y su pueblo en el pacto.[67] Calvino comenta que el salmista "seguiría con constancia incesante, siempre y cuando el camino pudiera ser, y lleno de dificultades, y fatigado por obstáculos."[68]

Esperanza afianzada (vv. 10-12)

Esta sección final del salmo registra un estado de sentimientos de esperanza afianzada del futuro. La sección se desarrolla a través de un contraste entre los enemigos del salmista y "el rey". Los enemigos, que buscan "destruir"[69] al salmista, "caerán en los sitios bajos de la tierra", y se convertirán en la "porción de los chacales."[70] El rey, sin embargo, se regocijará en Dios, junto con todos aquellos que juran alianza a Dios, porque las bocas de los mentirosos "será detenida".

---

[64] Ludwig Koehler y Walter Baumgartner, *The Hebrew and Aramaic Lexicon of the Old Testament* (2 vols.; Leiden: Brill, Study ed., 2001), I, p. 209.

[65] Francis Brown et al., The New Brown, Driver, Briggs, Gesenius Hebrew and English Lexicon: With an Appendix Containing the Biblical Aramaic (trad. Edward Robinson; Peabody, MA: Hendrickson, 1979), p. 179. Cf. Tate, Psalms 51-100, p. 128.

[66] Weiser, The Psalms: A Commentary, p. 455.

[67] Rogerson y McKay, *Psalms*, p. 67. Cf. Stephen J. Lennox, *Psalms: A Bible Commentary in the Wesleyan Tradition* (Indianapolis, IN: Wesleyan Pub. House, 1999), p. 198.

[68] John Calvin, *Commentary on the Book of Psalms* (trad. James Anderson; Grand Rapids, MI: Eerdmans, 1949), p. 383.

[69] El hebreo para la "ruina" es en realidad un sustantivo, precedido de una preposición que sugiere un propósito: "Buscan mi vida con el propósito de la ruina." Véase Clines (ed.), *The Concise Dictionary of Classical Hebrew*, p. 450, y Koehler y Baumgartner, *HALOT*, II, p. 1427.

[70] Koehler y Baumgartner, *HALOT,* II, 1445, definen שׁוּעָל como "fox". También Brown *y otros.*, *BDB*, pero añaden, "tal vez también chacal" (p. 1048).

El salmista está confiado en que la justicia prevalecerá, que el mal será castigado y que el pueblo de Dios "se alegrará" en su relación de pacto con Dios. Enemigos malvados, derribados por "la espada", "sin duda recibirán su debido castigo ... sus cadáveres serán devorados" por animales salvajes.[71] Privados de un entierro apropiado,[72] serán arrojados al "inframundo" de los muertos.[73] Al fin y al cabo, aquellos que buscan arruinar al pueblo de Dios serán arruinados.

El rey,[74] sin embargo, "se regocijará en Dios", y aquellos que juren lealtad a "él" los alabarán. En la frase "jura por él", el antecedente del pronombre "él" es Dios.[75] Todos los que juran por él, es la manera del salmista de conectar el salmo con la comunidad de la fe.[76] "Es una descripción poética de los israelitas",[77] y la referencia combinada al rey y a todos los que "juran" por el nombre de Dios es "probablemente una frase completa que denota a toda la comunidad de los fieles con el rey como cabeza."[78] Por lo tanto, el rey es "representativo o ejemplar de la persona que busca a Dios."[79]

La última sección del Salmo 63 es una conclusión apropiada de este salmo de reorientación. El salmista ha admitido su sentido de separación de la presencia de Dios (v. 2) y su necesidad de ser satisfecho por la bondad de Dios (v. 6). Ha recordado (v. 7) veces cuando necesitó la ayuda de Dios (v. 8) y Dios vino en su ayuda. En esta última estrofa, reconoce la presencia continua de enemigos

---

[71] Anderson, *The Book of Psalms*, I, p. 459.

[72] Lennox, Psalms: A Bible Commentary in the Wesleyan Tradition, p. 198.

[73] Kraus, *Psalms 60-150*, p. 20.

[74] Anderson, *The Book of Psalms*, I, p. 459. Contra Eaton, *The Psalms*, p. 235, y Hengstenberg, *Commentary on the Psalms*, II, p. 301, quien argumenta que la referencia al rey no significa necesariamente que el salmista debe ser el rey o que se trata de un salmo real.

[75] Tate, *Psalms 51-100*, p. 128; cf. Terrien, *The Psalms*, p. 464; contra Anderson, *The Book of Psalms*, I, p. 459.

[76] Tate, *Psalms 51-100*, p. 128.

[77] Weiser, The Psalms: A Commentary, p. 456.

[78] Rogerson y McKay, *Psalms*, p. 67.

[79] J. Clinton McCann, Jr., "Psalms", en *The New Interpreter's Bible* (Nashville, TN: Abingdon Press, 1996), IV, pp. 639-1280 (928).

peligrosos que amenazan su seguridad. Sin embargo, sus experiencias pasadas de la presencia de Dios (v. 3), la lealtad del pacto de Dios (v. 4), y el tierno cuidado de Dios (v. 9) han generado una renovada confianza en la fidelidad de Dios. El salmista está convencido de que el pueblo de Dios prevalecerá al final.

Reconociendo las pasiones pentecostales

El Salmo 63 es una expresión apasionada de los anhelos espirituales del salmista que busca a Dios. Estos anhelos sugieren el componente afectivo de la espiritualidad pentecostal. Encuentro que el 'hambre' y la 'sed' del salmista por Dios es coherente con la espiritualidad pentecostal y que el deseo de encontrar a Dios en el santuario es coherente con los objetivos de la adoración pentecostal. Chris Green insiste en que "la espiritualidad pentecostal no es nada, sino un compromiso *personal*" con Dios.[80] Aunque estoy más familiarizado con el pentecostalismo norteamericano y no pretendo hablar en nombre de todos los pentecostales, mis contactos con los pentecostales en América Latina, África, Australia, Asia, Europa y el Reino Unido me llevan a concluir que una espiritualidad afectiva apasionada es común a todos los pentecostales.[81] Al igual que el salmista, la comunidad pentecostal tiene hambre y sed de Dios y busca ver el poder y la gloria de Dios, levantar las manos en adoración, testificar de bendiciones pasadas, alabar a Dios con labios gozosos, gritar con júbilo, acercarse a Dios, regocijarse en Dios y vivir con esperanza del reinado venidero de Dios.

El anhelo del salmista por la manifestación del "poder y gloria" de Dios se puede comparar con el "santo deseo del pentecostalismo por

---

[80] Chris E.W. Green, *Toward a Pentecostal Theology of the Lord's Supper: Foretasting the Kingdom* (Cleveland, TN: CPT Press, 2012), p. 289 (énfasis en el original).

[81] En cuanto a la espiritualidad coreana, véase Julie C. Ma, "Korean Pentecostal Spirituality: A Case Study of Jashil Choi", *Asian Journal of Pentecostal Studies* 5.2 (2002), pp. 235-54, y Myung Soo Park, "Korean Pentecostal Spirituality as Manifested in the Testimonies of Believers of the Yoido Full Gospel Church", *Asian Journal of Pentecostal Studies* 7.1 (2004), pp. 35-56 (40-1, 44-8, 55). Para la espiritualidad africana, véase David J. Maxwell, "The Durawall of Faith: Pentecostal Spirituality in Neo-Liberal Zimbabwe", *Journal of Religion in Africa* 35.1 (2005), pp. 4-32 (5-6, 21).

Dios mismo".[82] Este anhelo por Dios se describe repetidamente en la literatura pentecostal temprana. Por ejemplo, Alice Flower escribe: "Todo lo que parecía sentir era un profundo deseo que Su amor sea derramado en mi corazón. En ese momento parecía que quería a Jesús más que cualquier cosa en todo el mundo."[83] Reflexionando sobre su pasión por Dios, Zelma E. Argue recuerda, "todo mi corazón parecía ser sólo un gran vacío anhelando y llorando por Dios."[84] Haciendo eco de las palabras de Sal. 63:6, Alice E. Luce afirma: "El Señor es nuestra porción. Hemos tenido un verdadero gusto del Señor y descubrimos que él es una porción satisfactoria."[85]

El anhelo pentecostal por Dios puede describirse en parte como el deseo de un encuentro personal con Dios. Albrecht argumenta que para "Pentecostales, todo el campo ritual y el drama que emerge dentro de la matriz ritual está dirigido hacia un *encuentro*."[86] Jaichandran y Madhav están de acuerdo:

> No se puede negar que el valor más importante que gobierna la espiritualidad pentecostal es el lugar de la experiencia individual. Visto positivamente, esto significa que el Pentecostal no está satisfecho hasta que él o ella ha tenido una experiencia con Dios … Una persona no está satisfecha al escuchar acerca de la experiencia de otra persona con Dios; deben experimentar a Dios mismo.[87]

Por supuesto, como con cualquier movimiento de avivamiento, el pentecostalismo ha generado excesos no deseados y experiencias no

---

[82] Daniel Castelo, "Tarrying on the Lord: Affections, Virtues and Theological Ethics in Pentecostal Perspective", *Journal of Pentecostal Theology* 13.1 (2004), pp. 31-56 (53).

[83] Alice Reynolds Flower, "My Pentecost", *Assemblies of God Heritage* 20 (Invierno 1997-98), pp. 17-20 (18); extracto de su Grace for *Grace: Some Highlights of God's Grace in the Daily Life of the Flower Family* (Springfield, MO: publicado en privado, 1961).

[84] Citado por Edith Waldvogel Blumhofer, "Pentecost in My Soul". Explorations in the Meaning of Pentecostal Experience in the Assemblies of God (Springfield, MO: Gospel Pub. Casa, 1989), p. 159.

[85] Citado por Blumhofer, *Pentecost in My Soul*, p. 136.

[86] Daniel E. Albrecht, "Pentecostal Spirituality: Looking through the Lens of Ritual", *Pneuma* 14.2 (1992), pp. 107-25 (110) (énfasis en el original).

[87] Rebecca Jaichandran y B. D. Madhav, "Pentecostal Spirituality in a Postmodern World", *Asian Journal of Pentecostal Studies* 6.1 (2003), pp. 39-61 (55).

bíblicas.[88] El anhelo del salmista por Dios, sin embargo, no es un anhelo de una experiencia solo por tener una experiencia, sino un anhelo por una relación con Dios, en el pacto; y es un anhelo que los pentecostales tratan de imitar.[89]

La experiencia del salmista de "ver" a Dios y "contemplar" el poder y la gloria de Dios son señales al Pentecostal que Dios está abierto al encuentro humano. Keith Warrington escribe: "Dos palabras pertinentes cuando nos referimos a la espiritualidad pentecostal son 'expectativa' y 'encuentro'. Los pentecostales tienen una expectativa de encontrarse con Dios. Subyace gran parte de su adoración y teología e incluso puede ser identificado como otra forma de definir la adoración."[90] Desde la calle Azusa hasta ahora, los pentecostales de todos lugares han insistido en la realidad actual de la presencia de Dios para salvar, santificar, llenar con el Espíritu Santo, sanar y reinar como rey venidero.[91]

Conclusiones e implicaciones para la espiritualidad pentecostal

En su artículo sobre 'Comunidad y adoración', Jerome Boone argumenta que el "objetivo más importante de cualquier servicio de adoración pentecostal es un encuentro personal con el Espíritu de

---

[88] Jaichandran y Madhav, "Pentecostal Spirituality in a Postmodern World", pp. 57, 59.

[89] Cf. Cecil M. Robeck, Jr., "The Nature of Pentecostal Spirituality", *Pneuma* 14.2 (1992), pp. 103-6 (105) y Veli-Matti Kärkkäinen, "'Encountering Christ in the Full Gospel Way': An Incarnational Pentecostal Spirituality", Journal of the European Pentecostal Theologial Association 27.1 (2007), pp. 9-23 (11-12). El "anhelo de encuentro con el Señor" (pp. 17-20) explica la adoración pentecostal.

[90] Keith Warrington, *Pentecostal Theology: A Theology of Encounter* (Nueva York: T & T Clark, 2008), p. 219. Cf. Daniel E. Albrecht, *Rites in the Spirit: A Ritual Approach to Pentecostal/Charismatic Spirituality* (JPTSup, 17; Sheffield, Reino Unido: Sheffield Academic Press, 1999), pp. 226, 38-9.

[91] *The Apostolic Faith* 1.1 (septiembre de 1906), p. 1 y *passim*. Escribiendo en el primer número de *Pneuma*, William MacDonald, "Temple Theology", *Pneuma* 1.1 (Primavera de 1979), insiste: "A menos que nos atrevamos a afirmar que el cristianismo fue fosilizado en el siglo I, debemos sostener que el Espíritu todavía está hablando a las iglesias" (p. 48). Cf. Cecil M. Robeck, *The Azusa Street Mission and Revival: The Birth of the Global Pentecostal Movement* (Nashville, TN: Nelson Reference & Electronic, 2006), p. 132.

Dios."[92] Este encuentro a menudo incluirá la manifestación de los dones espirituales y los adoradores experimentarán "el Espíritu como poder transformacional".[93] Él señala la importancia de la oración como un "encuentro divino-humano en el que las cargas se entregan" a Dios, quien se preocupa y que tiene el poder de eliminar esas cargas.[94] Además, Boone observa el valor del testimonio personal como medio para honrar a Dios y formar la fe de los oyentes. Boone advierte, sin embargo, que el movimiento pentecostal está en peligro de perder su espiritualidad pentecostal distintiva. Tal vez deberíamos preguntar: "¿Ha dejado el pentecostalismo su 'primer amor' (Ap. 2:4)?"

Para que el movimiento pentecostal mantenga su vitalidad de generación en generación, debe reclamar periódicamente la pasión espiritual que encontramos demostrada en el Salmo 63. El texto bíblico funciona como un vehículo de formación espiritual que puede informar la espiritualidad y la práctica pentecostal. Sugiero las siguientes maneras en que el Salmo 63 puede ayudar a dar forma a la espiritualidad del movimiento pentecostal tanto ahora como en el futuro. Estas implicaciones son sólo insinuantes, y ellos (junto con el artículo en su totalidad) están destinados a promover el diálogo y el compromiso creativo con el texto bíblico.

1. *El enfoque pentecostal de la formación espiritual debe incluir el alimentar y desarrollar del afecto.* Deben ofrecerse oportunidades de participación y expresión afectivas. Estas oportunidades incluyen expresiones afectivas por medio de la adoración, la oración, el testimonio y la espera de Dios.

En un artículo reciente, Johnathan Alvarado profundiza en las características distintivas del culto pentecostal. Escribe: "La adoración llena de espíritu está marcada y caracterizada por una conciencia vívida de la presencia de Dios y la actividad del Espíritu Santo dentro de la vida de los santos y en el contexto de la experiencia

---

[92] R. Jerome Boone, "Community and Worship: The Key Components of Pentecostal Christian Formation", *Journal of Pentecostal Theology* 8 (1996), pp. 129-42 (137).

[93] Boone, "Community and Worship", p. 138.

[94] Boone, "Community and Worship", p. 130.

de adoración."[95] Alvarado argumenta que el liderazgo lleno de Espíritu en la adoración requiere tres cosas: 1) el "manejo adiestrado del texto bíblico" como la Palabra de Dios, 2) "una comprensión de la presencia e influencia del Espíritu" y 3) "la participación intencional de la congregación".[96] Después de mirar el Salmo 63, sugeriría un cuarto requisito (tal vez como una expansión del número 2): el líder de adoración debe poseer un profundo anhelo de encontrar a Dios a través del Espíritu Santo y de guiar a los demás a ese encuentro. Los líderes de adoración deben concebir su ministerio como formativo, porque "al adorar a Dios llegamos a contemplar el objeto que nos orienta y nos dispone correctamente. Uno aprende a amar a Dios al contemplarlo y comunicarse con Él."[97]

2. *La iglesia pentecostal debe ofrecer oportunidades frecuentes y abiertas para la oración*. El Salmo 63:2-9 es un discurso directo sostenido a Dios, en el que el salmista utiliza el discurso de la segunda persona, "tú", 18 veces. La vida espiritual no puede ser alimentada sin tiempos de profunda comunión con Dios en oración. La espiritualidad pentecostal se forma y se expresa a través de tiempos regulares e intensivos de oración y ayuno.[98] La formación cristiana no se puede lograr rápidamente y sin lucha. El discipulado consiste en algo más que el pensamiento correcto, la enseñanza y la doctrina correctas; debe incluir el "sentimiento" correcto, es decir, afectos dirigidos correctamente.

Cuando leemos el Salmo 63, estamos escuchando las oraciones del salmista, y al hacerlo estamos siendo moldeados para seguir el ejemplo del salmista. Del mismo modo, nuestras oraciones deben ser escuchadas por otros,[99] que aprenderán de nosotros que las expresiones honestas de dolor y prueba son aceptables para Dios y que la pasión por la presencia de Dios es recomendable.

---

[95] Johnathan E. Alvarado, "Worship in the Spirit: Pentecostal Perspectives on Liturgical Theology and Praxis", *Journal of Pentecostal Theology* 21.1 (2012), pp. 135-51 (143).

[96] Alvarado, "Worship in the Spirit", pp. 146-47.

[97] Castelo, "Tarrying on the Lord", p. 38.

[98] Ma, "Korean Pentecostal Spirituality'", p. 238 y *passim*.

[99] Gerald T. Sheppard, "Theology and the Book of Psalms", *Interpretation* 46 (1992), pp. 143-55 (143).

3. *En nuestra práctica de la vida y el ministerio pentecostal, debemos buscar con hambre y sed de Dios, desesperados por la presencia de Dios*. El salmista expresa la dependencia de Dios como una "ayuda" y como un "apoyo". El salmista siente que morirá de hambre y sed a menos que Dios aparezca con su presencia refrescante. En muchos casos, sin embargo, nuestra desesperación por la presencia y la ayuda de Dios ha sido sustituida por estructuras de nuestra propia invención, sustitutos del poder y la gloria de Dios. Podemos tener 'iglesia' sin Dios. En consecuencia, las oraciones de desesperación rara vez se escuchan porque tenemos planes de respaldo, redes de seguridad y estructuras formales que pueden existir sin la ayuda de Dios.

4. *El pentecostalismo debe reafirmar la esperanza escatológica*. Observo que los versículos 10-12 apuntan al futuro e incluso podrían considerarse escatológicos en el enfoque: Los inicuos serán castigados; aquellos que son fieles a Dios se regocijarán en la protección de Dios; y el reino de Dios se manifestará como un reino de justicia y rectitud.

5. *Los pentecostales se enfrentan al peligro de buscar experiencias en lugar de buscar a Dios por amor a Dios*. En el pasado, los pentecostales llamaban a este tipo de emocionalismo superficial 'fuego salvaje'. Por un lado, es fácil que la adoración no se convierta en algo más que entretenimiento o auto-gratificación. Por otro lado, el encuentro genuino con Dios resulta en una experiencia dramática. Es una experiencia que no puede ser manipulada por ministros y líderes de adoración que incitan y empujan a la congregación hasta llevarlos a frenesí. El encuentro de los discípulos con Dios por medio del Espíritu Santo en Hechos 2 fue poderoso y conmovedor, pero no ocurrió como resultado de sus propios esfuerzos artificiales. En respuesta a su oración, su adoración y su espera, el Espíritu Santo vino sobre ellos como una fuerza externa enviada desde el cielo. Del mismo modo, el foco del Salmo 63 se centra en la cualidad relacional del encuentro entre el salmista y Dios.

6. *El pentecostalismo debe recuperar la práctica del testimonio*. El Salmo 63 está dirigido a Dios, pero es una canción que debe ser escuchada por la congregación, y como tal, funciona como testimonio. El salmista testifica de la experiencia de ver la gloria de Dios en el santuario, y de las muchas veces en que Dios ha sido una ayuda y un apoyo. Este testimonio incluye aspectos del camino espiritual del salmista, tales como tiempos de alabanza, meditación y permanecer cerca de Dios.

La narración del propio anhelo del salmista por Dios es un desafío implícito para que el oyente persiga a Dios con la misma intensidad ferviente y con el mismo anhelo incondicional.

Más allá del fundamentalismo
Desafíos a los movimientos pentecostales

Carmelo Álvarez

Introducción

En este trabajo intentamos examinar el contexto histórico religioso de Estados Unidos en los siglos XIX y XX, para ubicar los movimientos religiosos que influyen en el movimiento pentecostal norteamericano, en las primeras décadas del siglo XX. Se destacan el movimiento de santidad, el dispensacionalismo, el fundamentalismo, y cuál fue el papel preponderante e influencia de estos movimientos en el pentecostalismo. El movimiento pentecostal, su importancia y despliegue, es examinado. Cuál ha sido lo distintivo en el movimiento pentecostal, que lo diferencia del fundamentalismo, también es abordado. Se ofrecen algunas conclusiones.

El contexto histórico-religioso de Estados Unidos (Siglos XIX-XX)

Cuando irrumpen en el escenario social y político de los Estados Unidos diferentes movimientos religiosos, en el siglo XIX, había una oleada de migraciones europeas hacia la nueva república con una aspiración a vivir en una tierra de libertad y nuevas oportunidades. Era la época en que el espíritu de frontera iba expandiendo el territorio con nuevas conquistas y colonizaciones. Algunos historiadores, como Frederick Jackson Turner,[1] han sostenido la tesis de la expansión fronteriza como la determinante para el crecimiento y el progreso en la sociedad norteamericana, en los primeros cincuenta años del siglo XIX. La expansión económica y comercial dinamizó el proceso de transformación de los Estados Unidos hasta convertirlo en una potencia política y económica más allá de las fronteras de su territorio, particularmente en la segunda mitad del siglo XIX y las primeras décadas del XX. Es el momento en que el capitalismo liberal y las economías de mercado están en franco desarrollo.

Un objetivo claro en el espíritu aventurero y en el afán de lucro de la época era la búsqueda de minerales, específicamente el oro y la plata. Unido a ello estaba la explosión demográfica, el exterminio de los pueblos originarios y la trata negrera para implantar el sistema de esclavitud, con la conocida consecuencia de una Guerra Civil (1861-1865) que dividió al país y marcó para siempre la historia posterior de los Estados Unidos.[2]

Cabe mencionar que este proceso que viven los Estados Unidos está enmarcado en lo que acontecía en Europa. La revolución industrial estaba en franco apogeo y una era de progreso se vislumbraba. A ello se unían los aportes de una nueva ciencia y la filosofía del sentido común, la filosofía de la Ilustración, las corrientes del empirismo y el pragmatismo, el constitucionalismo, el racionalismo inglés, el deísmo, el positivismo, las corrientes liberales, el espíritu democrático con el deseo de libertad, cuya máxima expresión fue el voluntarismo individualista. La consecuencia más sobresaliente del voluntarismo fue el cuestionamiento de las jerarquías y todo principio de autoridad. Una especie de *laissez-faire*,

---

[1] D. B. Eller, "Frontier Religion", en Daniel G. Reid (ed.), *Dictionary of Christianity In America* (Downers Grove, IN: Intervarsity Press, 1990), p. 457. Eller enfatiza que es muy simplista afirmar el determinismo religioso en la expansión fronteriza y puntualiza como las distintas denominaciones fueron configurando su misión e identidad en relación con la frontera, asumiendo múltiples desafíos.

[2] Richard T. Hughes y C. Leonard Allen, *Illusions of Innocence: Protestant Primitivism in America, 1630-1875* (Chicago, IL: The University of Chicago Press, 1988), p. 221.

el dejar hacer, contagió el ambiente social. Se creía que la libertad significaba emanciparse de las tradiciones y las autoridades.[3]

Todo esto ejercía un gran impacto en el ambiente religioso. Había cierta diversidad en la vida de las iglesias que propiciaba el surgimiento de nuevas expresiones y movimientos religiosos. La tolerancia religiosa, con el desarrollo de las denominaciones, era otro impulso sobresaliente.[4] El factor de la expansión fronteriza había motivado la proliferación de asociaciones voluntarias que fueron creando nuevas iglesias.

El marcado individualismo, con el optimismo y la confianza en los nuevos descubrimientos y avances, crea situaciones irónicas. Por un lado, hay un despertar social con períodos de relativa estabilidad y calma que influye en el ambiente ético-religioso. El optimismo daba impulso a la idea de la perfección moral y la entera santificación como algo que podría ser logrado. El puritanismo y los movimientos de santidad influían así en la *religión civil*. Pero a la misma vez, había una gran inconformidad con las *religiones establecidas*, porque se anhelaba una religión de avivamiento donde la experiencia personal fuera lo esencial.[5]

Los avivamientos rompieron con el denominacionalismo estricto y una era interdenominacionalismo entrecruzó a las iglesias. De hecho, el período que va de 1792 a 1922 fue uno de gran efervescencia espiritual en los Estados Unidos, con un pluralismo religioso en toda la nación, desde grupos espiritualistas como los Shakers y la Comunidad Oneida pasando por los mormones y hasta los pentecostales, a principios del siglo XX.[6]

Brotó, además, un pensamiento primitivista y restaurador de los tiempos originarios, que insistía en la búsqueda de una 'edad de oro'

---

[3] Mark G. Toulouse, Joined In Discipleship: The Maturing of an American Religious Movement (St. Louis, MO: Chalice Press, 1992), p. 17.

[4] Charles W. Forman, "The Americans", en Martin Marty (ed.), *Modern American Protestantism and its World. Missions and Ecumenical Expressions* (Nueva York, NY: K. G. Saur, 1993), pp. 38-47.

[5] Paul A. Varg, "Motives in Protestant Missions, 1890-1917", en Martin Marty (ed.), *Modern American Protestantism and its World. Missions and Ecumenical Expressions* (Nueva York, NY: K. G. Saur, 1993), pp. 3-19.

[6] Carmelo E. Álvarez, *Santidad y Compromiso* (México, DF: CUPSA, 1985), pp. 37-8.

en el pasado y la nostalgia por reestablecerla. Era aquel sueño humanista de Erasmo de Rotterdam y el Renacimiento: Regresar a ese tiempo primigenio donde la cultura clásica y el *evangelio puro* servían de paradigma para resolver la decadencia moral, espiritual e intelectual.

En el billete de un dólar aparece una pirámide que por encima tiene el ojo de Dios, observando y aprobando los procesos de la historia y la naturaleza: *Annuit coeptis* (Él ha sonreído en nuestros inicios). Abajo una gran insignia con esta otra frase en latín: *Novus ordo seclorum* (Un nuevo orden de las edades). ¡Es el principio de restauración! Es la ilusión de volver a una edad de inocencia y pureza.[7]

Fue así como se insistió en volver al patrón del Nuevo Testamento como el correctivo para las desviaciones eclesiásticas y teológicas. En el fondo había un método científico que acompañaba a este pensamiento pues la doctrina del sentido común insistía mucho en los datos que vienen a los sentidos como reales, evidentes e irrefutables. Era en realidad el apelar a la lógica, la ley natural y al racionalismo de la época, aunque ahora bautizados como criterios doctrinales. Recuérdese que estas son las corrientes dominantes que están moldeando lo que será la vida y pensamiento de nuestro movimiento.

'Volver a la Biblia', era la frase que resumía este intento. Ella se constituía así en la fuente de suprema autoridad y no las tradiciones eclesiásticas. La persona que tuviera 'sentido común' podría fácilmente y en confianza ir directamente a la Biblia y desechar, incluso, la autoridad de un ministerio preparado para enseñarla o interpretarla. El espíritu de la época era de cuestionamiento y búsqueda. Se buscaba combinar la piedad con la razón como nunca.[8]

Entendemos que para los nuevos movimientos religiosos la restauración era un principio hermenéutico que permitía ir *ad fontes*, a la fuente bíblica, y desde allí buscar un correctivo para las desviaciones y divisiones que se vivían en el cristianismo norteamericano del siglo XIX

---

[7] Richard T. Hughes y C. Leonard Allen, *Illusions of Innocence*, pp. 1-24.

[8] George M. Marsden, *Religion and American Culture* (Nueva York: Harcourt Brace Jovanovich, 1990), pp. 58-9.

A través de la historia de la iglesia han surgido movimientos reformadores que han intentado buscar las verdaderas raíces del cristianismo para proclamar un evangelio pertinente y auténtico, frente a las desviaciones de las iglesias establecidas. Para las iglesias de la Reforma Protestante hay dos principios que intentan resumir una dimensión cuestionadora, que ilumine el proceso hacia una iglesia renovada y pertinente. El primero es: *ecclesia reformata, semper reformanda*. Significa un llamado a la Reforma para que se vuelva a la fuente prístina que la originó. Es un principio de juicio y desinstalación, en constante reforma.[9]

El segundo es el 'principio protestante' de criticar y cuestionar al propio protestantismo cuando éste se instala y pierde su papel profético. Paul Tillich lo expone así:

> Entiendo el protestantismo como la encarnación especial e histórica de un principio universalmente significante. Este principio, en el cual se expresa un aspecto de la relación divino-humana, es eficaz en todos los momentos de la historia...Es el criterio último de todas las experiencias religiosas y espirituales. El protestantismo como principio es un criterio eterno y permanente de lo temporal. El protestantismo en cuanto característico de un período histórico es temporal y está sujeto al principio eterno del protestantismo.[10]

Este principio será el desafío para afirmar (*protestare* en latín significa tanto protesta como juramento o afirmación) y criticar en una relación dialéctica del sí evangélico y el no protestante. Este principio ha sido admirado por teólogos católicos como Juan Luis Segundo, quien afirma que "el llamado por Tillich 'principio protestante' no es en realidad otra cosa que el principio cristiano a secas".[11] La idea fundamental es que el principio protestante es un principio hermenéutico de la historia.[12] Este principio crítico permite

---

[9] Richard Shaull, *The Reformation and Liberation Theology* (Louisville, KY: Westminster/John Knox Press, 1991), p. 78.

[10] Paul Tillich, *The Protestant Era* (Chicago, IL: The University of Chicago Press, 1948), pp. 162-3.

[11] Juan Luis Segundo, *El Dogma que Libera* (Santander, España: Sal Terrae, 1989), p. 308.

[12] Segundo, *El Dogma que Libera*, pp. 302-9.

volver una y otra vez a retomar una protesta contra las absolutizaciones, aún de los propios protestantismos históricos.

Hubo un movimiento de avivamiento que influyó en el ambiente eclesiástico de Estados Unidos, que estamos examinando. Barton W. Stone, un pastor presbiteriano de Kentucky, se envolvió en los famosos *camp meetings* que desembocaron en reuniones más grandes como la de Cane Ridge, el verano de 1801. Este fue un gran avivamiento, incluso con danzas en el Espíritu, hablar en lenguas y otras expresiones carismáticas. Esta experiencia (aunque muchos autores[13] señalan que Stone se preocupó por los excesos que hubo en Cane Ridge) llevó al rompimiento con el Presbiterio de Springfield y consecuentemente se promulgó en 1804, *El Ultimo Testamento* (*The Last Will And Testament of the Springfield Presbytery*), en que se subraya la voluntad de disolverse como parte de la tradición reformada y sumarse al cuerpo de Cristo para buscar la unidad.[14]

El movimiento misionero moderno ha tenido como su eje fundamental, en los últimos doscientos años, una tensión dinámica entre misión y unidad. La presencia misionera que se inició con William Carey en 1792 abrió una nueva era para la cooperación ecuménica y la expansión misionera. Kenneth Scott Latourette señaló que entre 1814 y 1915 la historia de las misiones presenció el 'gran siglo misionero' protestante. Una oleada expansiva y agresiva de misiones arropó al África, Asia y Latinoamérica.

El Dr. Charles R. Taber analiza estos últimos doscientos años y llega a la conclusión de que la estrecha relación entre los procesos intelectuales, científicos, culturales, religiosos y políticos fueron determinantes en la teología y estrategia de la misión. A tal extremo llegó esa relación, y de tal magnitud fue la relación, que el binomio cultura-misión quedó ideológicamente entrelazado.[15]

La obra misionera de las iglesias tuvo un desarrollo sorprendente en el siglo XIX. Los movimientos de avivamiento en los siglos XVIII y XIX en los Estados Unidos, crearon el ambiente para el impulso misionero y de paso constituyeron el motor para el movimiento de

---

[13] Mark G. Toulouse, *Joined in Discipleship*, p. 26.

[14] Colbert S. Cartwright, *People of The Chalice* (St. Louis, MO: CBP, 1987), p. 14.

[15] Charles R. Taber, *The World is Too Much with Us: Culture in Modern Protestant Mission* (Macon, GA: Mercer University Press, 1991), pp. 55-88.

unidad que se desarrolló en el siglo XX. Las raíces de lo que fue 'El gran siglo ecuménico' de 1910 en adelante, están aquí. El entusiasmo espiritual y el fervor evangelístico fueron dos ingredientes que transformaron a las iglesias establecidas. De allí la predicación, la educación cristiana, los estudios bíblicos y el servicio social, se constituyeron en ejes predominantes para la tarea misionera.[16]

Otros movimientos como los estudiantes, las sociedades femeniles, las misiones de fe, grupos misioneros independientes, instituciones de educación teológica, fueron agentes catalíticos para la obra misionera. Mientras tanto la teología liberal de las postrimerías del siglo XIX, expresada en el evangelio social, influía también en la vida de las iglesias.

La doctrina del Destino Manifiesto, que veía a los Estados Unidos como un pueblo escogido para cumplir una gran misión en el mundo se extendía a todos los niveles de la sociedad norteamericana, incluyendo a las iglesias.[17] Era una época de entusiasmo y progreso. A partir de 1845 esta ideología influyó ampliamente al movimiento misionero, confundiéndose muchas veces al evangelio con la cultura norteamericana, como nunca en la historia de las misiones.[18] Ello no significa que no hubiera buenos y dedicados misioneros, y que, de alguna manera por la obra y gracia de Dios, a veces a pesar de los misioneros, muchas vidas y países fueran alcanzados para el cumplimiento cabal de la misión.[19]

Uno de los efectos más importantes de la doctrina del Destino Manifiesto fue el concebir la evangelización como un proceso civilizador.[20] La mentalidad del progreso que el liberalismo había

---

[16] R Pierce Beaver, "Historia de la Estrategia Misionera", en Jonatán P. Lewis (ed.), *Misión Mundial: La Dimensión estratégica,* Tomo 2 (Miam, FLi: UNILIT, 1990), pp. 23-38.

[17] Walter La Feber, *The New Empire: An Interpretation of American Expansion 1860-1898* (Ithaca, NY: Cornell Press, 1963), pp 1-60

[18] Rubén Lores, "El Destino Manifiesto y la Empresa Misionera", en Carmelo Álvarez y Pablo Leggett (eds.), *Lectura Teológica del Tiempo Latinoamericano* (San José, Costa Rica: SEBILA, 1979), pp. 207-25.

[19] Reginald Horsman, *Race and Manifest Destiny* (Cambridge, MA: Harvard University Press, 1981), pp. 272-303.

[20] William R. Hutchison, *Errand to the World: American Protestant Thought and Foreign Missions* (Chicago, IL: University of Chicago Press, 1987), pp. 102-4.

propiciado, propugnaba que la humanidad estaba en una etapa superior de desarrollo, encarnado en la civilización norteamericana y europea. Esa gesta civilizadora debía extenderse a todo el mundo y todas las culturas. El pueblo escogido se convertía en la cultura escogida. Los estudios culturales contemporáneos afirman que lo que existen en el mundo son culturas con su autonomía y valores propios que debemos respetar en el proceso de compartir las buenas nuevas del Evangelio. Las lecciones para la historia de las misiones sobre este aspecto son de incalculable valor hoy.[21]

Los movimientos de santidad y pentecostal

Muchos intérpretes del movimiento pentecostal lo consideran como un fenómeno norteamericano. Aunque el movimiento que se originó en Topeka (1901) y Azusa (1906) tenían características muy particulares y únicas, lo cierto es que a través de la historia del cristianismo se registran movimientos que tuvieron manifestaciones como la glosolalia y el reclamo de ser herencias directas del Pentecostés bíblico, a partir del libro de los Hechos de los Apóstoles, específicamente el capítulo 2. Entonces, debemos ubicar históricamente el proceso que finalmente llevó a la irrupción del movimiento pentecostal.[22]

El metodismo había venido de Inglaterra con un gran impulso misionero y evangelístico, a predicar la santidad cristiana en los Estados Unidos. Ello influyó en lo que se ha llamado el movimiento de santidad, como influencias de las teologías wesleyana y reformada.[23]

El movimiento de santidad abonó el terreno para el surgimiento del movimiento pentecostal. Del metodismo hacia los avivamientos norteamericanos y de allí al movimiento de santidad, hasta el movimiento pentecostal, es la línea apropiada para entender este camino tan complejo. Vinson Synan, en su clásico, *El Movimiento Santidad Pentecostal*, afirma que este movimiento era parte de toda la

---

[21] Charles R. Taber, *The World is Too Much with Us*, pp. 65-8; 174-9.

[22] Carmelo Álvarez, *Santidad y Compromiso: El Riesgo de Vivir el Evangelio* (México, DF: CUPSA, 1985), pp. 38-9.

[23] Mark A. Noll, *The Work We Have to Do: A History of Protestants in America* (Oxford, UK: Oxford University Press, 2002), pp. 92-3.

efervescencia de la época con reformadores sociales, líderes contestatarios, feministas, socialistas, uniones sindicales populistas y progresistas, entre otros.

Dr. Vinson Synan afirma, "El hecho que los cismas de santidad ocurrieran al mismo tiempo y estaban concentrados en las mismas áreas de la revuelta populista, sugiere los orígenes sociales e intelectual del movimiento"[24] Esta expresión religiosa era la manifestación de un quiebre en ese ámbito, que tenía como contrapartida a la revuelta popular.

El movimiento pentecostal se constituía en una separación del movimiento de santidad y poseía como sus distintivos la evidencia del hablar en lenguas como señal del bautismo en el Espíritu Santo.

Charles Parham y William J. Seymour son las dos figuras destacadas en el inicio del movimiento pentecostal moderno. Ambos procedían de la Iglesia del Nazareno, una ruptura del metodismo clásico. Parham dirigió el avivamiento pentecostal en Topeka, Kansas (enero, 1901), siendo la hermana Agnes Ozman, la primera persona que en el siglo XX hablara en lenguas.

Seymour lideró el avivamiento pentecostal en la Misión Apostólica (Movimiento de Santidad) en la Calle Azusa, Los Ángeles, California.[25] El incipiente movimiento pentecostal fue entrecruzando e influyendo en diversas tradiciones eclesiásticas, al extremo que la Calle Azusa llegó a conocerse como la Mecca del pentecostalismo mundial. Se le llamó, además, "Tercera Fuerza de la Cristiandad", por el Dr. Henry Van Dusen, presidente del Seminario Unión de Nueva York. Las otras fuerzas eran el protestantismo clásico y el catolicismo.

Dos pastores nazarenos, uno blanco, Charles Parham y el otro afro-americano, William J. Seymour, habían liderado inicialmente el movimiento pentecostal. A partir de ese movimiento pentecostal en Azusa se dio una expansión mundial que llegó a todos los continentes, y muchos peregrinajes se organizaron alrededor del mundo para visitar la misión en Azusa. En Latinoamérica y el Caribe

---

[24] Vinson Synan, *The Holiness Pentecostal Movement in the United States* (Grand Rapids, MI: Eerdmans, 1971), p. 219.

[25] Álvarez, Santidad y Compromiso, p. 41.

se dieron avivamientos iniciales en Chile y Brasil, entre 1907 y 1910 y en las siguientes tres décadas por toda la región.[26]

El dispensacionalismo y el fundamentalismo: Doctrinas influyentes en el cristianismo moderno

Estas dos corrientes doctrinales ejercieron una influencia determinante en el cristianismo mundial del siglo XX. Hemos de ubicar sus orígenes, con sus figuras destacadas, y cómo hasta nuestros días siguen siendo fuerzas mayores en las discusiones bíblico-teológicas. Es importante reconocer que son movimientos muy dinámicos, complejos y polémicos. Para los propósitos de nuestro trabajo sólo destacamos las líneas más sobresalientes y sus implicaciones en relación con el movimiento pentecostal.

El concepto de las dispensaciones ha tenido una larga historia en el cristianismo. En las diversas interpretaciones bíblicas, desde teólogos como Joachim de Fiore hasta Ireneo de Lyon y J. Nelson Darby y Cyrus I. Scofield, el concepto ha influido notablemente, y con diversos enfoques. Destacaré, sobre todo, las influencias del dispensacionalismo inglés en el fundamentalismo norteamericano y como afectó al movimiento pentecostal. Hay que recordar que toda esa discusión se enmarca en el contexto de la modernidad, la reacción al liberalismo bíblico y teológico por parte de los movimientos pentecostales y su interacción con el llamado evangelicalismo y sus diversas expresiones, particularmente en relación con el lugar, autoridad e interpretación bíblica.[27]

Cuando usamos el término fundamentalismo nos referimos a un movimiento que plantea algunos principios doctrinales que denominan 'fundamentales'. Eran una serie de escritos llamados así, publicados entre 1910 y 1915. *The Fundamentals or Testimony to the truth*, que reclaman la sana doctrina basadas en 5 principios doctrinales: infalibilidad de las Sagradas Escrituras, nacimiento virginal de Jesucristo, sacrificio redentor en nombre de la humanidad,

---

[26] Véase, Carmelo Álvarez, Alborada en Tiempos Fecundos: Una Teología Ecuménica y Pentecostal (Quito, Ecuador: CLAI, 2006).

[27] Grant Wacker, *Heaven Below: Early Pentecostals and American Culture* (Cambridge, MA: Harvard University Press, 2001), pp. 70-81. Wacker subraya la autoridad de la Biblia de principio a fin como elemento persuasivo para los pentecostales y su restauracionismo que busca dirección en la fuente bíblica.

resurrección de la carne, regreso de Jesucristo para establecer su reino milenario sobre la tierra, previo al juicio final.

Carlos Cañeque lo resume así:

> Los fundamentalistas eran evangelistas cristianos próximos a las tradiciones del auge puritano del siglo xix, que en el siglo xx se opusieron con extraño vigor y, no sin algo de maniqueísmo, al modernismo, tanto en la vertiente teológica como en la cultural.[28]

En la segunda mitad del siglo XIX la Escuela del sentido común escocés, predominaba como filosofía. Su principio era que la mente humana "estaba construida de tal forma que podíamos comprender la realidad directamente a través de los sentidos."[29]

Es importante destacar que estos escritos, su difusión y el reclamo de constituirse en *test*, prueba irrefutable del conservadurismo evangélico, frente al liberalismo o modernismo y sus posturas bíblico-teológicas, fueron un gran desafío para el movimiento pentecostal que surgió exactamente en esa década. Examinaremos la postura del movimiento pentecostal y su respuesta.[30]

Nos hemos referido al dispensacionalismo inglés y su influencia. El movimiento se originó en Inglaterra en 1830, liderado por J. Nelson Darby, originalmente sacerdote anglicano y promotor en la Iglesia de los Hermanos de Plymouth (Plymouth Brethren) del dispensacionalismo. Darby retomó el principio hermenéutico, dividiendo la historia en períodos o eras. Dios ha tratado con la humanidad de manera diferente en cada era. Además, Darby insistió en una dispensación final en que Jesús retornaría en cualquier momento. A ello añadió una relectura de I Tesalonicenses 4:16-17 del 'rapto'. Y así en su segunda venida rescatar sus 'santos'. Entonces, ocurriría la gran tribulación y Dios continuaría tratando con Israel.[31]

---

[28] Carlos Cañeque, *Dios en América* (Barcelona, España: Ediciones Península, 1988), p. 30.

[29] Cañeque, *Dios en América*, p. 33.

[30] Klaus Kienzler, *El Fundamentalismo Religioso* (Madrid, España: Alianza Editorial, 2000), pp. 32-6.

Un sector más conservador del evangelicalismo norteamericano confrontó el optimismo post-milenarista del liberalismo, con el dispensacionalismo pre-milenarista que destaca el hecho que el mundo vivía inmerso en el pecado y el retorno inminente de Jesús, particularmente para restaurar las ciudades, era aguardado. Cyrus I. Scofield aplicó el esquema de Darby en su Biblia de referencia, conocida comúnmente como la Biblia de Scofield.[32]

El movimiento pentecostal: Sus distintivos teológicos

El movimiento pentecostal se esfuerza en ofrecer una experiencia espiritual que en cierta medida dramatice a nivel psicosocial el sentido de la salvación. Hay un apelativo para que los pecadores y pecadoras se arrepientan y acepten a Jesús como único Salvador. De esta manera se alcanza la recompensa espiritual de la santificación completa marcada por el bautismo del Espíritu Santo. Hay un énfasis en el bautismo del Espíritu como señal externa, a través del hablar en lenguas.

¿Cuáles serían los distintivos de las creencias y vivencias pentecostales? Nótese que preferimos destacar 'creencias y vivencias', porque la teología levanta sospechas sobre la desviación de la sana doctrina, que lleva a la especulación. ¡Y el aspecto de la experiencia se soslaya!

He de resumir aquí lo que denominaría los puntos claves de las creencias y vivencias pentecostales.

Ellos creen que la promesa del Señor expresada en Lucas 24:49 es fiel y verdadera. Es una energía marcada con gozo (Juan 16).

La experiencia cardinal es la del día de Pentecostés (Hechos 2). El bautismo en el Espíritu es una experiencia distinta, aunque relacionada a la salvación. Según esta perspectiva todos los y las creyentes tienen la presencia del Espíritu Santo, pero no todos y todas

---

[31] Amy Johnson Frykholm, *Rapture Culture: Left Behind in Evangelical America* (Oxford, UK: Oxford University Press, 2004), pp. 15-8. Véase también el estudio de Barbara Rossing, *The Rapture Exposed: The Message of Hope in the Book of Revelation* (Boulder, CO: Westview Press, 2004), pp. 28-50.

[32] Timothy P. Webber, *On the Road to Armageddon: How Evangelicals Became Israel's Best Friend* (Grand Rapids, MI: 2004), pp. 19-34. Véase también, Randall Balmer and Lauren F. Winner, *Protestantism in America* (Nueva York, NY: Columbia University Press, 2002), pp. 73-85.

tienen el bautismo. La señal del bautismo en el Espíritu es hablar en lenguas (Hechos 2:4). Se puede y debe buscar esa experiencia, pero no es indispensable (Hechos 19:2 y 6).[33]

El Espíritu Santo reparte dones espirituales para la edificación del Cuerpo, que es la comunidad de fe (I Corintios 12 y 14).[34]

El cuadrilátero pentecostal es otra clave importante que resume principios doctrinales: Cristo salva, sana, bautiza en el Espíritu y regresa (segunda venida).[35]

¿Cuál ha sido la relación entre el pentecostalismo y el fundamentalismo? Aquí se hace una afirmación sobre la autoridad de la Sagrada Escritura y su pertinencia en asuntos de moral y ética y doctrinas esenciales. La tendencia al literalismo bíblico, tensionado por la libertad del Espíritu como fuente de buenas y nuevas noticias, ha marcado mucha de la interpretación bíblica pentecostal. Además, hay una tensión evidente entre la predicación testimonial pentecostal (fuertemente narrativa y muchas veces cargada de metáforas) y el rigor (fuertemente influido por el racionalismo) fundamentalista. Recuérdese que los 'fundamentales' publicados entre 1910 y 1915, proveyeron elementos que influyeron en la formulación de confesiones y documentos doctrinales elaborados y expuestos públicamente por las nuevas denominaciones pentecostales, constituidas a partir de 1914. Por otro lado, hubo una reflexión teológica, particularmente en los inicios del movimiento pentecostal, elaborada por líderes prominentes, que fueron aportando criterios sobre temas cruciales que desafiaban al movimiento. Douglas Jacobsen denominó esos aportes: *Thinking in the Spirit* (Pensando en el Espíritu).[36]

Hay que destacar que los pentecostalismos latinoamericanos y caribeños no han debatido doctrinal y teológicamente cuáles son las

---

[33] Para un análisis bíblico, resaltando la centralidad del bautismo del Espíritu Santo y su interpretación, recomiendo el excelente estudio de Gordon D. Fee, *Gospel and Spirit: Issues in New Testament Hermeneutics* (Peabody, MA: Hendrickson Publishers, 1991), pp. 105-19.

[34] Álvarez, *Santidad y compromiso*, pp. 45-53. He resumido aquí los distintivos claves. Pueden examinarse con más detalles en esas páginas.

[35] Grant Wacker, *Heaven Below*, pp. 1-3.

[36] Véase, Douglas Jacobsen, *Thinking in the Spirit. Theologies of the Early Pentecostal Movement* (Bloomington, IN: Indiana University Press, 2003).

bases intelectuales del movimiento fundamentalista en Estados Unidos. Lo que ha predominado es una 'lógica de mente y corazón', muy ligada a la experiencia cotidiana del Espíritu, con un referente testimonial relacionado con la irrupción del Espíritu el día de Pentecostés.[37] Como lo recalca Daniel Godoy:

> El pentecostalismo se diferencia del protestantismo magisterial, ya que este último tiende a leer el Nuevo Testamento según el apóstol Pablo, y el pentecostalismo lo lee desde la óptica de Lucas, especialmente a partir de la visión del libro de los Hechos. Este padrón está basado en una hermenéutica propia que es el estilo claramente pentecostal de apropiarse de las Escrituras.[38]

El universo simbólico pentecostal se centra en la fascinación y eficacia de la Palabra. La palabra ritual, no la palabra racional, es la que tiene valor; se constituye de esta forma en la eficacia simbólica del discurso. Es una teología *gráfica, oral, narrativa*. El saber es una categoría espiritual (don del discernimiento y sabiduría espiritual). Creer y conocer son ingredientes que se cultivan en la experiencia testimonial, anecdótica, y con una enseñanza moral, cuyo elemento central es la predicación exhortativa.

La Palabra y el Espíritu hacen de la Biblia un libro escatológico y ético. La vida en comunidad ofrece un contexto de vivencia, reflexión e interpretación. Toda experiencia cristiana exige discernimiento. Es discernir la verdad como un encuentro personal y vital. Entonces, hay que discernir 'los signos de los tiempos' con una fe vigorosa para responder a los desafíos de esos tiempos.[39]

Conclusiones

Este análisis ha pretendido plantear varios asuntos que ameritan algunas respuestas y asumir algunos desafíos. El primero, es asumir la necesidad imperiosa de interpretar las Sagradas Escrituras y

---

[37] Daniel Godoy, "El Espíritu Santo con los Pobres: Cien Años del Pentecostalismo Chileno", *Teología en comunidad*, 12.18 (2012), pp. 88-108.

[38] Godoy, "El Espíritu Santo con los Pobres", p. 101.

[39] Para una reflexión ampliada de estas afirmaciones, véase, Carmelo Álvarez, "Lo Popular: Clave Hermenéutica del Movimiento Pentecostal", en Carmelo Álvarez (ed.), *Pentecostalismo y Liberación: Una Experiencia Latinoamericana* (San José, Costa Rica: DEI, 1992), pp. 89-100.

hacerlas más pertinentes para estos tiempos. Ello implica una contextualización con una adecuada lectura de la realidad y la búsqueda de contestaciones adecuadas.

En segundo lugar, retomar temas éticos como la participación en la política (¡tan apremiante en estos días!) y las dimensiones y retos del poder. Las Sagradas Escrituras pueden ayudar mucho en ese proceso si se les permite 'decir toda su palabra', sin manipularla, ni acomodarla a posiciones antojadizas, ni a ideologías acomodaticias. En ello reiterar el don del discernimiento puede iluminar la búsqueda de las opciones más adecuadas, siempre destacando los valores de reinado de Dios y su justicia.

En tercer lugar, aunque hay signos positivos en la formación teológico-pastoral de los pastores y las pastoras pentecostales, es de vital importancia seguir proveyendo espacios para dicha formación y desafiar el equipamiento de un liderato pertinente, que incluya la renovación, actualización y puesta al día de la proclamación pentecostal.

En cuarto lugar, la vertiente testimonial oral debe aspirar a sistematizar las experiencias para compartirlas. Ello ayudaría a fortalecer el compartir la buena noticia del Evangelio y los retos que ello plantea a nuevos creyentes.

Finalmente, tanto en lo bíblico como en lo teológico puede animar mucho aquel texto del apóstol Pablo: "Si vivimos por el Espíritu, andemos también por el Espíritu" (Gálatas 5:25).

SACERDOTES, CURANDEROS Y VISIONARIOS

BERNARDO CAMPOS

Introducción

El presente artículo trata del chamanismo como práctica sacral per viviente en la sociedad peruana actual pese a su origen milenario, incluso anterior al cristianismo católico, protestante o pentecostal. Dado que el artículo es el capítulo de un libro mayor de mi autoría que lleva el mismo nombre y por razones de espacio, se ha obviado la historicidad del chamanismo en el mundo, para detenernos en su significado para la cultura y sociedad peruanas. Como se lee en el subtítulo, *Función y significación del Chamanismo en Ayabaca y Huancabamba, la Sierra de Piura en el Perú*[1], se trata de una aproximación comparativa con el pentecostalismo a partir del culto y los ritos de sanación. Creemos que, a nivel estructural son legítimamente comparables, al menos en las prácticas de sanación, aunque teológica o cosmovisionalmente se apele a fuerzas espirituales antagónicas. Se propone al chamanismo como ordenador simbólico del ethos cultural, organizador de la conciencia social y como mediador entre el mundo de los espíritus y los poderes de este mundo. Se concluye afirmando que el chamanismo, entendido antropológicamente, es tanto el núcleo de la religiosidad andina per viviente como el contexto remoto de los rituales pentecostales de sanación.

---

[1] Michael Harner, *The Way of the Shaman: A Guide to Power and Healing* (New York, NY: Harper & Row Publishers, 1978), p. 37.

Función y significado del chamanismo norandino en la sociedad peruana

¿Cómo entiende el chamán su función en la Sociedad? La reflexión sistemática del chamán sobre sí mismo es un fenómeno tardío en el desarrollo de este tipo de práctica. La actividad que caracteriza al chamán surge en su origen de un impulso no necesariamente reflexivo a la ayuda. Junto a ello, una progresiva experiencia acumulada le dará un sentido de la sabiduría y de los propios papeles a desarrollar. La propia vida y sus dificultades contribuyen a que el chamán no se dé excesiva importancia absoluta, aunque pueda tenerla de un modo relativo. Carece de importancia porque su fuerza enfrentada a la naturaleza es relativa y él lo sabe. Al mismo tiempo es capaz de conocer cosas que otros ignoran y cuya aplicación en tiempo de crisis puede ser muy necesaria.

Si afirmamos que el tamaño de un hombre puede medirse por el tamaño de las cosas que le encolerizan, el chamán es un gran hombre porque es capaz de confrontar a los espíritus, a las fuerzas de la naturaleza.

El conocimiento y la relación de ayuda le pueden permitir creerse un ser superior u orgulloso. Sin embargo, no darse importancia le permitirá actuar con más eficiencia e impecabilidad. En este sentido puede entenderse la definición que de sí misma y de su trabajo hace una mujer desde el ámbito del neo chamanismo:

> Yo no soy una sanadora. No sano a nadie. El concepto que tengo de mí misma es el de un peldaño en la senda del autodescubrimiento. Creo un espacio en donde las personas pueden aprender lo increíblemente maravillosas que son, enseñándoles a amarse a sí mismas.[2]

Los encuentros con la adversidad propia y ajena son un estímulo y educan su sensibilidad. Así para el chamán curar es curarse. En este sentido, lo que podría ser la esencia del chamán, curar, es entendido como la capacidad de hacer o facilitar que los otros se curen. Se

---

[2] José María Poveda, *Shuar: Pueblo de las Cascadas Sagradas* (Quito, Ecuador: Mundo Shuar, 1998), p. 7.

considera a sí mismo como un 'catalizador' (término utilizado en química para definir a la sustancia que facilita la producción de reacciones de transformación, y que sin su presencia serían más difíciles o lentas) o bien como un mediador.

La confrontación con lo *extremo y profundo*, con *la enfermedad*, con el *miedo* y la *muerte*, con el *tormento* y el *éxtasis* son capaces de hacer del chamán un ser valiente, al mismo tiempo que le ayudan a 'perder la propia importancia' para entregarse a la salud de su pueblo.

El narcisismo es un mal aliado de las personas de conocimiento, en la medida en que representa el no ser capaz de ver la realidad con los ojos y los sentimientos de los otros. El sentido del humor es a veces un buen termómetro para ver si la persona está más allá de sí misma. De hecho, el orgullo, el miedo, el poder y la muerte son enemigos naturales del chamán. Y a la vez son retos que ha de superar hasta su última danza con la muerte.

Y más recientemente, el urbanismo, el consumismo, el materialismo que raya en el utilitarismo tientan al chaman para deslizarse de la vocación al profesionalismo asalariado, del sentirse todos con la comunidad al individualismo que se mira a sí mismo y vende su saber al mejor postor.

Las relaciones de transacción y oposición del chamanismo en el Campo Religioso Peruano

Una vez descrito sucintamente el chamanismo, lo que nos toca es interpretarlo a la luz del conjunto de actores religiosos en la sociedad peruana más amplia. Se trata, pues, de saber si un particular modo de vincularse a lo sagrado, además de responder, como es natural, a las demandas o intereses religiosos, o intereses materiales de la población con 'bienes simbólicos de salvación', puede contribuir también a responder efectiva y eficazmente a las necesidades e intereses *sociales* de esa misma población, como responder, por ejemplo, a las necesidades 'realmente reales' de los sectores populares.

No se trata solamente de verificar las formas, direcciones o ambigüedades de la respuesta sacral a determinados problemas sociales, como podría ser la de facilitar o impedir el cambio social, sino de dilucidar, además de los condicionantes externos, si hay *en* (o al interior) del sistema sacro-religioso en cuestión, en sus doctrinas, en sus prácticas, en su organización y normas éticas, o en su sistema cosmovisional, elementos que permitan orientarla durante una coyuntura social determinada, en una perspectiva de liberación. O que permitan, por lo menos, discernir *cuándo y bajo qué condiciones religioso-culturales, económicas y políticas,* la sacralidad popular ha de ejercer una función atestataria, contestataria o protestataria[3] y no quedar librada al azar de su *ambigüedad* o a la indefinición socio-política como se le reconoce tradicionalmente a la función religiosa y más específicamente a los *milenarismos*.[4]

La respuesta religiosa a la problemática social ha de ser, probablemente, de diverso orden y de diverso grado de eficacia, según haya logrado representar o canalizar el sentimiento religioso del pueblo. Ello, a mi juicio, dependerá posiblemente de 3 factores básicos:

a. De las *condiciones sociales externas* que la favorezcan, porque la sacralidad no es totalmente autónoma en la sociedad o en la cultura.[5]

b. De la *identidad y función* que asuma la comunidad religiosa en el complejo espectro del *Campo Religioso* del que es integrante, y en el cual juega un determinado rol autoasignado o conferido.

c. De la *posición y capacidad de intervención* en el campo religioso, en el estado actual de una configuración hegemónica (Gramsci), como la promovida por el catolicismo romano en el Perú y América Latina, durante la colonia y aún hoy en la época contemporánea, es decir de su *grado de autonomía* relativa respecto de los otros actores religiosos.

Una rápida descripción de la configuración del Campo Religioso Peruano (CRP) será útil aquí.

---

[3] Henri Desroche, "Genèse et Structure du Nouveau Christianisme Saint-Simonien", *Archives de Sociologie des Religions* (Julio 1968), pp. 27-54.

[4] Paul Tillich, Teología Sistemática. La Vida y El Espíritu. La Historia y El Reino de Dios (Salamanca, España: Ediciones Sígueme, 1984), p. 216.

[5] Otto Maduro, "Apuntes Epistemológico-Políticos para una Historia de la Teología en América Latina", en Pablo Richard (ed.), *Historia de la Teología en América Latina* (Lima, Perú, CEHILA, 1980), pp. 19-38.

Una de las primeras cosas que hay determinar es si el chamanismo es una práctica religiosa o *cuasi* religiosa independiente o si es parte de la religiosidad popular o de algún sistema religioso, como podría ser el 'catolicismo cultural' para usar una categoría antropológica de Manuel Marzal o si se trata de una religiosidad como la andina.

Para ello creemos necesario primero ubicar el chamanismo entre los diversos actores sociales que conforman el Campo Religioso Peruano, luego observar el tipo de relaciones que se establece entre ellos, y entonces preguntar por su funcionalidad en la actual economía religiosa y también por su significación para el complejo cultural peruano.

Composición del Campo Religioso Peruano (CRP)

En mi opinión el CRP está constituido, *grosso modo* por los siguientes actores:

El Catolicismo Romano en sus tres vertientes: el catolicismo de cristiandad (tradicional y cultural) instaurado desde la colonia, el catolicismo de Nueva Cristiandad en sus vertientes modernizadora y de Promoción Social, tras la crisis de representación en el siglo XVIII; y el catolicismo popular, que es el que se promueve en la sierra peruana como una forma peculiar de vivir la fe.

El protestantismo Histórico, débilmente ligado, en el Perú, a la tradición de la Reforma Protestante oficial y europea del siglo XVI; protestantismo mayormente desarrollado en los países del Sur de América Latina, especialmente en el Río de la Plata, Brasil y sur de Chile. Nos referimos aquí al calvinismo, luteranismo, así como a los anglicanos y ortodoxos, inexistentes que yo sepa en la zona de Huancabamba y Ayabaca que es la sierra piurana del Perú.

El protestantismo 'Denominacional' o de Misión, en directa relación organizativa e ideológica con las agencias misioneras de tradición *pietista,* de origen fundamentalmente norteamericano, aunque sus orígenes sean europeos. Tratase de bautistas, presbiterianos, iglesia evangélica peruana, wesleyanos y nazarenos. Aunque los wesleyanos y nazarenos se asentaron fundamentalmente en el norte del Perú, su radio de expansión no ha alcanzado a las zonas más profundas de Ayabaca y Huancabamba que es nuestro campo de estudio.

El pentecostalismo con cuatro tendencias básicas: el *Pentecostalismo de expansión* internacional, con fuerte influencia del fundamentalismo norteamericano; el *Pentecostalismo de raigambre nacional*, en abierta diferenciación con el fundamentalismo americano heredero en la mayoría de los casos de las Asambleas de Dios; el *neo-pentecostalismo*, más cercano al catolicismo que al protestantismo evangélico, postores principalmente de una ideología de prosperidad económica y vocacionada a la clase empresarial; y los 'movimientos de cura divina' a los cuales he denominado *'iso-pentecostalismos'* por estar en sintonía con el pentecostalismo, pero que parecen tener una naturaleza distinta.[6] Este protestantismo popular, sin embargo, es el que ha hecho sintonía con las formas religiosas ancestrales y el que, tal vez, ha logrado establecer una relación de sintonía con el universo cosmovisional andino, muy parecido al que ha logrado la *Asociación Evangélica de la Misión Israelita del Nuevo Pacto Universal* (AEMIMPU) con su fuerte composición social de migrantes campesinos entre sus miembros, o el que, en otras latitudes (como Puno, en el sur peruano) han logrado los adventistas.

Los llamados Nuevos Movimientos Religiosos (NERMs o New Religious Movements), entre los que podemos distinguir básicamente tres vertientes:

1. Las *religiones mediúmicas*, tales como el espiritismo, y ciertas prácticas mágico-religiosas más afines al chamanismo aborigen,
2. Las *religiones mesiánicas* entre las que hay que diferenciar las de *rostro religioso* y las de *rostro mas bien político* (como la de ciertos grupos alzados en armas o subversivos), y
3. Las *religiones esotéricas* de cuño más bien escolástico y filosófico de origen oriental y occidental que a partir de la década del 70 entraron con fuerza en América Latina.

La Religiosidad Aborigen que sobrevive bajo formas cristianas y autóctonas

1. *Por un lado, los sincretismos aborígenes* (mezcla de cristianismo con religión autóctona), a las que se les suele llamar *catolicismo* o *iglesia cultural* sin el resultado de una síntesis creativa producto de siglos de evangelización y de estrategias religiosas de sobrevivencia.

---

[6] Bernardo Campos, *De la Reforma Protestante a la Pentecostalidad de la Iglesia: Debate sobre el Pentecostalismo en América Latina* (Quito, Ecuador: CLAI, 1997), pp. 14-28.

2. *Por otro, las religiones aborígenes autónomas* con voluntad de separación del cristianismo. Aquí lo que tenemos son —como decía el historiador, teólogo y filósofo argentino Enrique Dussel— 'claroscuros' en medio de una policromía, donde unos sectores expresan mayor influencia o dependencia de las formas litúrgicas del cristianismo y otros sectores, con mayor autonomía, que reflejan menos influencia de esas formas.[7] Las religiones aborígenes recrean o reviven antiguas y supervivientes prácticas religiosas prehispánicas. En la medida que crece su conciencia del pasado, se afirman en su propia identidad, tratando de reconstruirla a partir de prácticas religiosas ancestrales.

Este es, con sus matices, más o menos el cuadro que tenemos hoy. Y como hemos visto, las prácticas chamánicas, todavía hoy conservan costumbres muy antiguas de sanación y, junto con otras creencias y prácticas y estilos de organización, tal vez sean los hilos que nos conduzcan a un mayor conocimiento de nuestro presente.

En el espacio de la formación social peruana, hay que preguntarse entre otras cosas, como sugiere Pierre Bourdieu ¿Quiénes son los laicos en el complejo Campo Religioso?[8] ¿Cómo está cifrada --en términos concretos-- la "oferta y demanda de los bienes simbólicos de salvación" y en qué dirección política están situados los 'sacerdotes', 'profetas' y 'brujos' respecto de los 'laicos' en relación con los procesos sociales?

Todas éstas son preguntas que subyacen al análisis de la identidad y función de las religiones populares[9] y de las prácticas típicamente religiosas como las chamánicas leídas a la luz del esquema de análisis de Pierre Bourdieu.

---

[7] Véase, Enrique Dussel, "Origen de la Filosofía Política Moderna: Las Casas, Vitoria y Suárez (1514-1617)", *Caribbean Studies* 33.2 (Julio-Diciembre 2005), pp. 35-80.

[8] Pierre Bourdieu, *Distinction: A Social Critique of the Judgement of Taste* (Cambridge, MA: Harvard University Press, 1984), pp. 99-112.

[9] Campos, *De la Reforma Protestante a la Pentecostalidad de la Iglesia*, pp. 27-9.

Oferta y demanda de bienes simbólicos de salvación: La teoría de Pierre Bourdieu

Según Pierre Bourdieu, el campo religioso es el espacio en el que el conjunto de actores e instituciones religiosas producen, reproducen y distribuyen bienes simbólicos de salvación. Además, la dinámica propia del campo religioso se debe a la demanda objetiva de bienes simbólicos de salvación por los que han sido desposeídos por los clérigos de la producción y del control de aquellos bienes, es decir, los laicos.[10]

En ese sentido, la demanda y la oferta correspondiente, siempre responde a los *intereses* de clase de los laicos, intereses que se expresan en lo religioso por demandas de legitimación, de compensación y de protesta simbólica. Según Francois Houtart, el Campo Religioso puede ser visto simplemente como "la porción del espacio social constituido por el conjunto de instituciones y actores religiosos en interacción".[11]

Las relaciones que se establecen allí pueden ser de dos tipos: relaciones de t*ransacción* y relaciones de *oposición* en la oferta y demanda de "bienes simbólicos de salvación". En buena cuenta puede decirse que las religiones en general ofertan un bien simbólico en función de una demanda específica de la población religiosa que consume bienes. El éxito o no de una religión o de una práctica religiosa, dependerá, en tal sentido, del grado de satisfacción de la demanda religiosa de la población a la cual está referida. La demanda de sanidad o sanación es determinante en los sectores populares desterrados o desatendidos de los beneficios de la salud protegida por el Estado.

Competencias y alianzas

Entre los distintos actores religiosos, se establece una *competencia* por la mejor oferta de algún bien simbólico demandado por la población. Aquí se genera muchas veces entre los distintos actores del campo

---

[10] Pierre Bourdieu, *¿Qué Significa Hablar? Economía de los Intercambios Lingüísticos?* (Madrid, España: Ediciones AKAL, 1985), p. 105.

[11] François Houtart, *Religión y Modos de Producción Pre-Capitalistas* (Madrid, España: Editorial IEPALA, 1989), pp. 5-9.

religioso, *relaciones de oposición* y hasta competencia desleal. Ataques o guerras de religiones comprometiendo en ocasiones el *estado de derecho* y al gobierno para lograr sus fines. Así, por ejemplo, las religiones establecidas con anterioridad en un determinado espacio social, se arrogan el derecho de desalojar a las religiones nuevas, aduciendo ser ellas las legítimas defensoras de la verdad y de la identidad nacional, como suele sucederle a la iglesia católica en América Latina o al luteranismo en Alemania.

Las religiones nuevas, o recién llegadas, por el contrario, aducen que las religiones establecidas sostienen *alianzas* con el Estado comprometiendo la moral y no respondiendo necesariamente a las necesidades espirituales primarias de la población. Las acusan de haberse alejado de los principios sagrados y de haberse relajado haciendo concesiones a la moderna sociedad secularizada y racionalizada.

La oferta de las nuevas religiones se cifra entonces en bienes simbólicos que las religiones ya establecidas no ofrecen, tales como sanidad física y espiritual, retorno a los fundamentales preceptos religiosos expresados en la literalidad de las Sagradas Escrituras, recuperación de la antigua moralidad, (rigorismo ético: no tomar, no bailar, vestirse decorosamente, etc.) más propios de las sociedades tradicionales. Entre sus ofertas incluyen, por ejemplo, la intercesión por la liberación de potestades diabólicas (hechicería, posesión demoníaca, infidelidades, etc.) que la iglesia oficial o los otros grupos religiosos establecidos han olvidado o para las cuales muestran ineficacia.

Pertenencias, adherencias y enemigos estratégicos

Un campo religioso por lo general está ocupado por distintos actores religiosos que son al mismo tiempo actores sociales que representan a distintos sectores de la población en función de la demanda religiosa. Vale decir que se pueden establecer diferencias sociales en función de la creencia, estando de por medio necesariamente la condición de clase que condiciona la práctica religiosa. En nuestro país, existe una hegemonía de la población católica vs. la población protestante y la atea que profesa otro tipo de pertenencias simbólicas o adherencias.

Ocurre con frecuencia que cuando un actor religioso es demasiado fuerte, los actores en situación de desventaja realizan alianzas tácticas en contra del 'enemigo estratégico'. Se trata de 'relaciones de transacción' entre los distintos oponentes religiosos, para la conquista del poder de lo religioso o de lo sagrado. Probablemente una vez conseguido el objetivo, las alianzas se desvanezcan o dejen de tener sentido.

Según Bourdieu, esas relaciones se establecen por lo general entre los *laicos*, que él reconoce como 'profetas' y 'brujos', en contra de los 'sacerdotes' detentores del poder religioso.[12] Se trata de una afinidad a nivel de las prácticas rituales, aunque las correspondientes creencias sean absolutamente opuestas.

Esta relación puede verse por ejemplo entre el catolicismo popular y el pentecostalismo, o entre el pentecostalismo y el chamanismo en el aspecto curativo. Cada uno con un cuerpo doctrinal o sistema de creencias radicalmente opuestos, pero con una apelación muy similar a la antigua moralidad (o moralidad tradicional). Existe por eso una afinidad singular entre el chamanismo y las religiones ancestrales, así como entre los distintos protestantismos en función de la libertad e igualdad religiosas que la iglesia católica trata de impedirla en complicidad con el Estado. La misma Constitución peruana favorece de hecho y de derecho a la Iglesia Católica en detrimento de los otros grupos religiosos con igual derecho. Lo vemos de manera ahora referido a los distintos actores religiosos.

Oposición y Transacción en el Campo Religioso Peruano

Voy a proponer la hipótesis --o quizá deba en su lugar proponer más modestamente una sugestión, pues mis conocimientos y la posibilidad para acceder a las fuentes históricas para probarla son escasas y además superarían las limitaciones autoimpuestas para este artículo, que en el campo religioso peruano se ha establecido una tal *correlación de fuerzas* entre diversas prácticas religiosas cuya afinidad ideológica o doctrinal sería impensable, pero que, frente a un antagonista común—y alimentadas por la necesidad de subsistencia—habrían tolerado simbiosis y sincretismos en lo religioso y cultural. Se habría producido en la población un *campo de relaciones heterogéneas* tanto como una *red de afinidades cosmovisionales* que

---

[12] Bourdieu, *Distinction: A Social Critique of the Judgement of Taste*, pp. 108-12.

se expresan aparentemente en estructuras litúrgicas más o menos homogéneas como podría ser por ejemplo 'el éxtasis' chamánico y religioso o las prácticas adivinatorias (sueños y visiones) y terapéuticas (sanaciones, curaciones) y taumatúrgicas (exorcismos y purificaciones rituales) de los pentecostales. Sugeriré también en este caso, que las relaciones serían de dos tipos: relaciones de oposición y relaciones de transacción.

Las relaciones de oposición se habrían dado en el proceso social peruano, a lo largo de más de 500 años hasta nuestros días, entre el catolicismo oficial y el chamanismo, entre el chamanismo y el protestantismo histórico y entre el chamanismo y la cultura moderna en la pugna por la afirmación del *poder político* signado externamente en el poder de lo religioso.

Por otra parte, y pese a las distancias discursivas o ideológicas, se habrían generado *relaciones de transacción* entre el chamanismo y la religiosidad popular católica (catolicismo cultural), entre chamanismo y religión evangélica (del tipo pentecostal). Aunque tal vez sea más difícil de probar, habría relaciones de transacción entre curanderos y maleros para enfrentar a los opositores del pueblo, signados simbólicamente en la lucha entre *espíritus del bien* y *fuerzas del mal*, una lucha de deidades y héroes andinos contra los héroes de la modernidad capitalista expresados en su capacidad (o incapacidad) para restaurar la salud y asegurar o encauzar el bienestar (¿la salvación?) del pueblo.

Las Relaciones de Oposición frente el poder hegemónico: Chamanismo vs. Catolicismo

Vano sería documentar aquí un hecho por demás conocido, cual es el doloroso proceso de 'extirpación de idolatrías' por parte del catolicismo romano contra la religiosidad aborigen. Con tal actitud, la iglesia católica se colocó en abierta oposición a la cultura peruana, sobre la base de su ideología religiosa (evangelización), por más noble y sincera que fuera y, sus compromisos políticos serviles a la corona española.

Aunque las campañas de extirpación de idolatrías duraron en rigor unos 50 años intensivos, el fallecido antropólogo español Manuel Marzal afirma que "hacia 1660 se terminan en varias diócesis (Lima, por ejemplo) las campañas de extirpación de idolatrías" (Marzal 1977: 184), pero la lucha contra las creencias religiosas andinas continuó y hasta el día de hoy es motivo de inculturación y evangelización.[13] Las campañas re-evangelizadoras de la propia iglesia católica (CELAM, Medellín) son un testimonio de esta realidad. La propia persecución del catolicismo al protestantismo, en el siglo XVIII después de los procesos de independencia y durante la formación de los Estados nacionales, dan cuenta del mismo hecho. Incluso ahora mismo se viene librando una persecución en contra de las 'sectas' entre las cuales están los protestantismos populares. Todo esto abona en favor de esta tesis. Aun cuando el catolicismo ha dado pasos en su favor al aproximarse de un modo distinto a la religiosidad popular, y al fenómeno carismático, para no perder terreno, con todo, mantiene una *visión paganizadora* de las costumbres aborígenes.[14]

Debo aclarar que me refiero a la actitud católica de lucha contra las creencias populares, bajo la acusación de *supersticiones*, o ideologías deshumanizadoras. Además, no creo que la opinión oficial católica apruebe las prácticas chamánicas como elemento aceptable de la religiosidad popular y menos aún como un componente del catolicismo popular. Presumo que ven al propio pentecostalismo como una especie de chamanismo camuflado en formas de religiosidad ancestral pero mostrada con un rostro modernizante.

Chamanismo vs. Protestantismo: Paganizacion del chamanismo

El protestantismo reformado es tan duro como el catolicismo oficial como para aceptar costumbres que rápidamente identificarían como 'paganismo', o 'animismo'. Los textos del pasado referidos a la evangelización protestante en América Latina dan testimonio de esta

---

[13] Antonio Acosta Rodríguez, "Los Doctrineros y la Extirpación de la Religión Indígena en el Arzobispado de Lima, 1600-1620", *Jahrbuch für Geschichte Lateinamerikas* 19 (1982), pp. 69-109.

[14] Salvador Gallego Aranda, "Modernidad y Cultura Artística en Tiempos de los Reyes Católicos", en Juan Manuel Martín García (ed.), *Cuadernos de Arte de la Universidad de Granada* (Granada, España: Universidad de Granada, 2014), pp. 198-201.

comprensión.[15] Por lo general la gran mayoría de protestantes han sido reacios para admitir alguna *presencia de Dios* (semillas del verbo) en las prácticas chamánicas, o para no pedir imposibles, para aceptar mínimamente la legitimidad de tales expresiones andinas como un sistema religioso con identidad propia.

El antagonismo entre catolicismo y protestantismo contra el chamanismo es contundente de modo que ningún líder medianamente informado sea protestante o católico negaría lo que digo. Existe una precompresión negativa respecto de la religiosidad aborigen, pues se la considera como un estado de ignorancia (mentira o engaño) que la hace merecedora de acciones evangelizadoras (catequización o proselitismo según el caso). No pongo en cuestión la buena voluntad y el buen deseo de ambos actores religiosos por compartir que lo que creen sea *la* verdad revelada, negando tácitamente alguna posibilidad de revelación divina previa entre los indígenas, que constituye hoy la gran discusión misionológica.

Chamanismo vs. Modernidad - Aculturación

Aquí cambiamos de nivel. Pasamos de los sujetos a los condicionantes, al proyecto que está detrás o junto al proyecto evangelizador o civilizador. Se trata de una oposición a nivel simbólico. En efecto, tanto el catolicismo como los protestantismos instaurados en nuestras tierras, es decir la cristiandad colonial como el protestantismo histórico, representan para los indígenas proyectos modernizantes o civilizadores.

Se trata de la propuesta o imposición de un universo simbólico radicalmente diferente, que no logra imponerse sino por vía de la fuerza o la seducción, y que no logra hacer sintonía con el universo simbólico perceptor. La actitud cristiana en general, protestante o católica, comporta un proyecto de *libertad de ataduras*. Se trata de una esclavitud que ven vinculadas necesariamente a la cultura del indígena como una cultura postergada. La evangelización se realiza en el

---

[15] Nótese por ejemplo los motivos evangelizadores de los más grandes congresos protestantes desde Edimburgo 1910 y Panamá 1916 hasta los Congresos Latinoamericanos de Evangelización CLADE I-IV, dirigidos por la Fraternidad Teológica Latinoamericana. Véase, Jeffrey L. Klaiber, *La Iglesia en el Perú: Su Historia Social desde la Independencia* (Lima, Perú: Fondo Editorial PUCP, 1996), pp. 151-62.

campo teórico como la superación del mito por el logos, o la salida de la oralidad al mundo de la escritura. Buscan llevar a los indígenas del atraso a la ilusión del progreso o en una palabra, de la barbarie a la civilización. Todo el proyecto evangelizador, con sus matices en algunos misioneros bienintencionados, al fin de cuentas ha significado como lo demuestran las formas culticas adoptadas por la mayoría de la población en el ingreso a un mundo nuevo, el de la civilización occidental, a una nueva religión como la cristiana, y a un nuevo sistema de relaciones sociales y económicas como el capitalismo dependiente. Paradójicamente y pese a esos esfuerzos modernizadores, en algunas regiones todavía se conserva el trueque y sobre ella se sostiene parcialmente el sistema de relaciones y de reciprocidad.

Se establece así un encuentro de significados dispares, una convivencia utilitarista entre universos simbólicos diferentes, por no decir paralelos, entre prácticas religiosas cualitativamente diferentes, como lo son el chamanismo y el cristianismo.

Las relaciones de transacción a nivel de la construcción social

El chamanismo como núcleo de la Religión Andina per viviente

Las prácticas chamánicas representan en sí mismas una continuidad de prácticas religiosas ancestrales, de modo que resulta casi una tautología afirmar una posible relación de transacción. Sin embargo, del chamanismo no puede decirse que se trata en sí mismo de una comunidad religiosa o 'iglesia' aun en su sentido técnico (gr. 'ekklesia') con adherentes o afiliados, aunque comporta elementos religiosos muy variados.

El chamanismo - debe decirse - es un componente entre otros de un sistema religioso mayor, y tal vez su más importante elemento, por lo que constituye el núcleo más importante dentro del sistema religioso aborigen, anterior y milenario históricamente al cristianismo.

Pienso que, caracterizarlo por una de sus funciones, como es la curación (en términos de 'curanderismo'), es hacer poca justicia a una estructura de *significación* que en su conjunto supera largamente el simple ritual de curación, para convertirse sin más en el elemento central del sistema religioso andino. Alrededor de él se cohesionan universos simbólicos andinos, formas de lenguaje cultural (mitos y rituales) así como equilibrios y compensaciones entre los miembros de la comunidad que hoy, pese a la existencia de otras formas de organización social, mantienen sistemas de relación cifrados en esquemas 'espirituales' de representación.

Chamanismo y pentecostalismo - Relaciones de transacción a nivel del ritual extático

El caso tal vez más patético de transacción y que me gustaría ilustrar en esta relación es la del pentecostalismo y el chamanismo. Entre ellos se da una *relación de transacción* a nivel de su ritual fundamental: el *culto* para el pentecostalismo y la *sesión* chamánica para el chamanismo. Ambos comparten la estructura del *éxtasis* como campo de acción.

Para establecer un punto de comparación entre el chamanismo y el pentecostalismo, será necesario describir sucintamente un *Culto Pentecostal tipo* o ideal pues este comporta elementos en su *estructura* que son comparables con la sesión chamánica, salvando las diferencias motivacionales y doctrinarias de ambos grupos.[16]

El culto pentecostal: tres momentos

El pentecostalismo ha puesto de manifiesto a través de sus cultos, un especial interés por reproducir en cada reunión el suceso originario de la fiesta de pentecostés celebrada desde los comienzos de la iglesia cristiana en el primer siglo de nuestra Era.[17] Su referente remoto, por oposición, es el suceso mítico de babel y éste último del Edén, en el que 'era fluida la comunicación con Dios'. No obstante, el referente significativo por excelencia es el Sinaí porque en el Antiguo Testamento el Sinaí recibió el Pacto o Alianza de Dios, en tanto que en Pentecostés se recibió el sello el Nuevo Pacto con la presencia de Jesús resucitado.

---

[16] Agustina Altman, "Entrar y Salir: Moralidad y Evangelio entre los Mocoví del Chaco Argentino", *Etnografías Contemporáneas* 2.2 (2016), pp. 1-2.

[17] Campos, *De la Reforma Protestante*, pp. 1-12.

En el pentecostalismo tradicional, hay lugar para la emergencia y 'ministerio' de lo que podríamos llamar *profetas místicos*[18], para diferenciarlos de los *profetas históricos* del profetismo hebreo.

El profetismo que describo aquí lo reconozco como el *místico extático*, por dos razones:

En primer lugar, se trata de un profetismo que se nutre paradigmáticamente del profetismo bíblico, especialmente inspirado en el 'profetismo temprano' más relacionado con la adivinación que con la interpretación histórica del profetismo tardío. No obstante, no hay que exagerar porque el profeta místico pentecostal habla siempre en representación de Dios a su comunidad con un sentido direccionado a modelar la conducta cotidiana de los fieles. Repite literalmente la expresión de los profetas históricos *Así dice el Señor*.

En segundo lugar, lo denomino 'místico' no sin advertir el riesgo de su sentido equívoco, porque subraya la afirmación de una trascendencia por oposición o negación de lo material inmanente a esta vida terrena, referida a lo social y meramente humano. Es místico porque busca relacionarse con el cielo más allá del puro sentido metafórico, de hundirse en el misterio en sus aspectos terribles y fascinantes, como solía decir Rudolf Otto.

Estos, al igual que los chamanes, actúan dentro de un 'espacio y tiempo sagrados'.

El Culto dentro del Templo son el tiempo y el lugar por excelencia cuando y donde el profeta místico nace, se instruye y ejerce su ministerio. Si bien un sólo profeta místico no siempre reúne las cuatro 'capacidades' del chamán que menciona Mircea Eliade (curandero, psico pompa, místico y visionario) éstas se presentan distribuidas entre el 'cuerpo de profetas' (a veces llamados 'vasos del Señor') y cada uno, a su turno, hará uso de la suya durante el culto. Las facultades o 'dones' más desarrollados en un típico culto Pentecostal son: glossolalia acompañada de profecías (en lenguaje críptico o 'lenguas extrañas'), visiones y éxtasis místico.

---

[18] El término místico es una categoría que señala como característica de lo divino su presencia en la experiencia religiosa y se caracteriza por decir: "El mismo Dios está aquí presente." El fenómeno místico es según Tillich "Una tentativa de trascender todos los ámbitos del ser finito con el objeto de unir el ser finito con el infinito." Paul Tillich, *Teología Sistemática* II (Salamanca, España: Ediciones Sígueme, 1982), pp 115-7.

El culto pentecostal, espacio para el éxtasis

Desde el comienzo hasta el final del culto se da un proceso gradual y ascendente orientado siempre a lograr un 'contacto con el cielo' mediante el éxtasis. Así, un culto típicamente Pentecostal es el espacio donde se genera el éxtasis místico y comprende los siguientes momentos: cánticos, oración de apertura, clausura del tiempo profano, etapas de progresión mística, oración de cierre y misión o extensión del tiempo sagrado sobre el tiempo profano. Si bien en el culto pentecostal la afirmación de la trascendencia, de lo santo, de lo indecible, se realiza por oposición a lo humano temporal, por afirmación de lo hondamente pecaminoso de la sociedad, o por reproducción arquetípica de un lenguaje gestual en el culto glossohablante, no se trata de una evasión de realidades terrestres (escapismo o alienación) ni tampoco de una reproducción del dualismo gnóstico que opone bien y mal. Se trata, en todo caso, de la reproducción y representación moderna en formas primitivas de la experiencia de lo sagrado. Una forma cultural de recrear el orden cósmico en el que el rito prevalece sobre el concepto, la danza sobre la tesis, el gesto sobre el verbo, sin oponerse necesariamente al discurso teórico.[19] Veremos cada uno de ellos con relativo detalle.

Cánticos para clausurar el tiempo profano

Popurrí de cánticos o cadena de 'coritos' cortos que se repiten hasta lograr casi una incorporación del sentido generador de aquellos, a modo de 'preparación del ambiente espiritual' antes de la apertura oficial del culto. Todos los cánticos están sujetos a modas, tendencias y cadencias, así como a estilos y gestos rituales propios de una época o lugar de procedencia. En los últimos años se ha dejado sentir una fuerte influencia centroamericana en la liturgia.

Por lo general esa 'cadena de coritos o cánticos breves se suceden unos tras otros sobre la base del mismo acorde musical (Muchos coros en *La bemol*). Esta cadena de coritos es fundamentalmente una 'cadena de sentido' que está en armonía semántica con el tipo de culto

---

[19] Ana Isabel Jiménez San Cristóbal, *Rituales Órficos* (Madrid, España: Universidad Complutense Servicio de Publicaciones, 2004), pp. 18-26.

que se realiza. Si es evangelístico, los coros tienden a preparar a creyentes y no creyentes para la conversión. Así, todos los participantes armonizan en una sintonía espiritual, hasta alcanzar los objetivos conscientes o inconscientemente propuestos. Se produce como diría mi amigo el antropólogo chileno Rodrigo Moulian una 'somatosemiosis' en la que se convoca al cuerpo para dejarse llevar por la 'enacción' del Espíritu.[20]

Oración de apertura del Culto como instauración 'oficial' del poder divino.

El comienzo oficial del culto por la oración por lo general está a cargo del Pastor de la Congregación. La oración de apertura es conocida como *invocación*. Ella tiene una doble finalidad: consagrar todo el culto a Dios y 'atar a los demonios' para que no actúen con libertad dentro del espacio sagrado. Es el momento en que tiene lugar una *guerra espiritual*, un conflicto entre las fuerzas del bien y las fuerzas del mal y por eso mismo es decisivo para el resto del culto. Se trata de la *instauración del poder divino* representado por el pastor que 'consagra el culto a Dios' y 'ata los demonios'. Generalmente los participantes confiesan sentir liberación de 'ataduras' y una disposición inusual en el sentido de mejora del ánimo y disposición psicológica para el culto.

La atadura de demonios no siempre es garantía de que el culto será pacífico. A veces es necesario de nuevo 'atar a los demonios' dentro del mismo culto. Se trata de un momento en el que se interrumpe el culto para luchar con el demonio hasta vencerlo. Esto no representa para los feligreses una falta de poder sino por el contrario una ocasión para que la Gloria de Dios se manifieste y mostrar que el bien vence sobre el mal. Entonces el triunfo es de Jesús y el poder de Dios se manifiesta con prodigios y señales maravillosas. Por su importancia y su sentido esta oración debe estar a cargo de un oficial preparado espiritualmente y con autoridad espiritual.

---

[20] Rodrigo Moulian Tesmer "Somatosemiosis e Identidad Carismática Pentecostal", *Revista Cultura y Religión* 3.2 (2009), p. 188.

Clausura del tiempo profano

El preámbulo cultual no oficial, cuasi profano, está a cargo frecuentemente de los laicos que se postulan como líderes. Es una especie de calentamiento cuyo fin es, entre otras cosas, clausurar el tiempo profano (olvidar o poner en *stand by* las preocupaciones de lo cotidiano), para 'entrar en el ámbito de lo sagrado' por vía de la concentración del interés en lo divino y mediante el canto repetido de adoración buscar una consagración a Dios.

Este tiempo de cánticos es también un espacio donde los que tienen el 'don' del canto ejercen su ministerio y donde los líderes en preparación van aprendiendo a dirigir los cultos y donde se *empoderan* si se realiza un culto glorioso o apoteósico.

Etapas de progresión mística en el tiempo cultual.

Desde el comienzo hasta el final del culto se experimenta un *proceso gradual y ascendente* tendiente a lograr el *éxtasis*. Todos buscan deliberadamente una experiencia directa con Dios. El éxtasis místico es para el culto Pentecostal el centro o la cumbre de su desarrollo. Mediante el éxtasis se logra un 'contacto con el cielo' con consecuencias decisivas para la conducta subsecuente de los participantes. Esta es la razón de que los pentecostales consciente o inconscientemente oran tratando de sentir la presencia de Dios, como una presencia restauradora de sus vidas, sanadora de sus males y fortalecedora de la moralidad que se manifestará en la vida cotidiana durante la semana hasta el siguiente culto.

Momento cultual del "habla" de Dios

Es el momento central del culto y puede darse al comenzar el culto, al medio o casi al finalizar. En el 'momento cultual del habla de Dios', por lo general, el profeta místico emite 'su' mensaje en 'lenguas extrañas' (1 Cor. 13:12). Este fenómeno es conocido como 'glosolalia'. Se trata de un lenguaje que el propio orante no entiende, pero que para él tiene un sentido. No es un idioma necesariamente, pero podría serlo también. Lo más importante de la glosolalia no es su traducción, sino su significación como sentido en medio de un culto, sentido que rompe con el lenguaje cotidiano, directo, simple y humano, como si se connotara que se está en otro ámbito de la realidad: la realidad de lo sagrado. Te da un sentido de acceso a lo sagrado.

Las lenguas, cuando son inmediatamente interpretadas, en cierto sentido ofrecen una especie de acceso a lo sobrenatural.[21] El que sea en 'lenguas extrañas' es importante sobre todo para connotar que no es un mensaje humano o de esta tierra. A veces, el 'mensaje' es corroborado por la 'visión' de otro profeta místico que 've' en imágenes la configuración del mensaje verbalizado por el anterior. La congregación 'arde' (llora, goza, o contesta con su silencio hermenéutico, y con ello lo aprueba o desaprueba) y acompaña el 'suceso comunicativo' en oración silente y reverente, susurrando en su propio lenguaje o en lenguas igualmente extrañas 'amenes' y 'aleluyas' que reiteran o confirman la 'profecía'.

El 'culto extático' en su conjunto puede vivir varios momentos que llamaremos 'de progresión mística' y su centralidad estará en lo que hemos denominado 'el momento del habla de Dios'. No siempre son los mismos, pero siguen una estructura más o menos regular o constante. No está demás recordar que los cultos pentecostales son muy variados en intensidad, forma y contenido y que, el que describimos aquí, es más o menos un culto tipo, experimentado por el autor durante 40 años en diferentes congregaciones pentecostales o carismáticas.

Las etapas o momentos del culto que a continuación describimos nos ayudarán a situar y explicar la generación, vivencia y continuidad del éxtasis místico Pentecostal:

(1) *Búsqueda gradual y ascendente de experiencias místicas* a través de himnos especiales, y cantos breves y alusivos que procuran permanentemente romper la rutina de lo cotidiano para 'reanudar' la comunicación 'directa' con Dios mediante la oración prolongada, la oración en lenguas extrañas o glossolalia, la cual --se espera-- debe 'derramarse como un río' en cualquier momento del culto.

(2) *Momento específico del 'habla de Dios'*. Este puede darse indistintamente por una 'profecía' que es interpretada de un discurso en lenguas extrañas (glossolalia), o por una predicación dramática y

---

[21] Véase Virginia H. Hine, "Pentecostal Glossolalia Toward a Functional Interpretation", *Journal for the Scientific Study of Religion* (1969), pp. 211-26.

tautológica donde el predicador repite, es decir, 'entona' literalmente el texto bíblico leído actualizando para los oyentes un nuevo sentido o mensaje. Otras veces el habla de Dios se da por expresión libre a través de actos o gestos significativos dentro del culto o mediante testimonios personales 'frescos' o vividos en la semana. Los testimonios contados como que ocurrieron mucho tiempo atrás tienen, en el ambiente pentecostal, una mala reputación. Es señal de que el feligrés no está en permanente comunión con Dios y sólo vive de recuerdos. El testimonio antiguo sólo es permitido para la *conversión* fundamental del creyente.

Es importante destacar aquí que el *habla de Dios* no distingue sexo, raza o edad. Muchas veces son más bien mujeres quienes profetizan o traen 'palabra de Dios', desde sus asientos. No necesitan pararse detrás del púlpito para que su palabra sea oída con autoridad, pues esa autoridad no es *delegada* democráticamente sino *asumida carismáticamente* por el mismo hecho de profetizar *en nombre de Dios*. Entonces hombres, mujeres y niños escuchan atentamente la 'palabra de Dios' mientras continúan orando mentalmente o en voz baja. Sólo interrumpen al profeta o a la profetiza, predicador o visionario, diciendo 'amenes' o 'aleluyas', agradeciendo cada palabra de Dios emitida por el profeta.

(3) *Momento del éxtasis profético*. Puede darse en cualquier momento, pero usualmente se da dentro del momento del habla de Dios. Mejor dicho, el habla de Dios se da precisamente por mediación del éxtasis profético, mediante el cual ---según entienden los practicantes--- Dios habla directa o 'audiblemente' a su pueblo. Ningún alimento o ingesta (alucinógeno) es necesario para provocar el éxtasis, como sí se da en el chamanismo.

(4) *Momento del Sacrificio*, que, en este caso está representado por la entrega de diezmos y ofrendas, consagración al ministerio, la 'dedicación' o presentación de niños a Dios, Bautismo en agua, entrega o promesa de bienes, celebración de la Santa Cena o Sagrada Comunión (eucaristía).

(5) *Espacio para la restauración de la salud*. La Intercesión por la sanidad de los enfermos tiene lugar inmediatamente después de la predicación. Aquí se ora por los enfermos presentes y ausentes. Los presentes si son pocos, pueden pasar hasta el pie del altar (considerado lugar santo) donde serán ungidos, simbólicamente con aceite por el ministro que tiene el don de la sanidad. Los participantes

reciben mediante la imposición de manos una restauración de su salud física, espiritual, psicológica, etc. Si son muchos los que buscan sanidad, el predicador sugiere que se queden en sus propios asientos y que ellos mismos pongan sus manos donde se ubica la región afectada y que, mediante la oración, dirigida por el ministro, alcancen su sanidad.

Los que han sido sanados o han sido objeto de un milagro, pasan adelante y cuentan emocionados el beneficio recibido de Dios. En un *culto extático pentecostal* muchos cojos son sanados, mudos hablan, ciegos ven, personas desahuciadas por los médicos reciben restauración de su salud, los afligidos o 'endemoniados' son liberados y los incrédulos reciben fe para creer. Se trata de un estado donde la congregación se coloca ante Dios como postrada o enferma y donde Dios aparece como el restaurador de la armonía plena que existía *in Illo Tempore*. Ocasionalmente se hacen oraciones por personas ausentes. Según la costumbre antigua los familiares llevan a la iglesia una prenda de vestir del enfermo y se ora sobre ella. Esta es una costumbre no cristiana, pues la costumbre cristiana mencionada ya en el libro bíblico de Hechos de los Apóstoles indicaba – por el contrario--llevar una prenda del pastor hasta el enfermo de modo que la virtud del 'ungido de Dios' restablezca la salud del enfermo (Actos 19:11-12). Es el hombre de santidad el que irradia virtud. Este es el caso de la curación de la mujer con flujo de sangre que tocó el manto de Jesús, mencionada en el evangelio de Marcos (5:21-42).

(6) *Momento del retorno simbólico al Paraíso o al Edén*. Inmediatamente después de este drama creacional, los visitantes reciben un llamamiento a la conversión, es decir, a un retorno a Dios. Tras el mensaje y la oración, los creyentes que se habían alejado de la iglesia son convocados a restablecer su comunión con Dios. Los feligreses ya convertidos son invitados a consagrar sus vidas totalmente a Dios mediante un *voto de fidelidad* o mediante su dedicación al ministerio de la predicación. Es aquí donde los líderes potenciales reciben la *unción* para ejercer oficialmente su ministerio o en el que los miembros antiguos renuevan sus votos ante la congregación que los observa respetuosamente. Tal acción es como volver al paraíso perdido y que ahora es recobrado.

(7) *Oración de cierre,* a cargo del Pastor o director oficial del culto. Si hubo un Pastor Visitante, este cierra el culto a Dios con una oración de despedida, en el que enfatiza: 'Señor nos despedimos de

este lugar santo, más *no de tu presencia* y ayúdanos a permanecer fieles durante la semana."

(8) *Momento de Salida.* Se da a través de cantos finales de adoración a Dios, o simplemente mediante una exhortación del director del culto o del Pastor a mantenerse fieles al Señor de ahí en adelante. Se recuerda las exigencias éticas del cristiano y la necesidad imperativa de evangelizar a otros, esto es, de cumplir la misión para la cual Dios los ha puesto en esta tierra. Se trata también de un *retorno* al tiempo profano, pero desde la perspectiva de lo sagrado. Vale decir, que lo sagrado debe invadir ahora el tiempo y el espacio profanos para transformarlo durante la semana.

Aproximación Comparativa

Visto así, encontramos una relación de similitud entre la sesión chamánica y el culto pentecostal, en especial con la producción de Estados Alterados de Conciencia (EAC) en el éxtasis.

Mientras que en el chamanismo los EAC, son provocados por la ingesta de alucinógenos, en el pentecostalismo son motivados por los *cantos repetitivos* y la búsqueda de una 'unión mística' con la divinidad, mediante la oración profunda (de profundis), la confesión de pecados, y la purificación del espíritu que, por lo general, es sentido *como un fuego que quema* toda suciedad moral.

Analistas de los cultos y liturgias religiosas, llegan a la conclusión que la repetición de coros o estribillos en los cantos, denominados técnica o musicalmente como 'canon', pueden producir EAC, mediante mecanismos de psicología social, la exacerbación de emotividades mezcladas con estados de angustia, necesidad, desesperación u obsesión de los practicantes.

No obstante, podrían encontrarse algunas otras similitudes y diferencias. El espacio sagrado Pentecostal está cifrado fundamental, aunque no únicamente, en el templo, como lugar especial de consagración, y no necesariamente lagunas o *wakas* de distinto tipo. Con todo, el bautismo debe realizarse casi por tradición de preferencia en un río medianamente correntoso, pues este se llevará simbólicamente hasta el mar la vida pecaminosa del creyente, para quedar en el olvido, pues ahora es una 'nueva criatura'. Y, aunque sobre el templo gira generalmente el culto como centro comunitario de adoración, una habitación o cualquier espacio en la casa del practicante a veces es consagrado a Dios (como lugar de oración) y puede, con el uso, convertirse en un lugar sagrado. Los utensilios usados para la santa cena son sagrados. Las bancas del templo son sagradas. Los instrumentos de música son consagrados a Dios mediante una oración de 'dedicación' y, en adelante, no podrán tener otro uso.

También los pentecostales como los chamanes tienen *lugares altos*. Más aún hay que recordar que el Pentecostés primigenio comenzó en un 'aposento alto'. En el campo, los pentecostales suelen buscar lugares retirados en las alturas para dedicarse a la oración. Todavía en algunos pueblos jóvenes con fuerte presencia de pentecostales andinos, algunas congregaciones pentecostales, construyen sótanos como lugares de oración, tal vez para no molestar a los vecinos. Sus templos por lo general han sido inicialmente casas de vivienda en las zonas urbanas, compradas o invadidas expresamente para levantar allí iglesias, ya que los espacios reservados por ley municipal para 'las iglesias' son ocupados únicamente por el catolicismo romano, como si fuera la única iglesia que existiera en el Perú.

Las entidades o fuerzas malignas son conjuradas en cualquier momento del culto siempre que el líder pentecostal considere necesario, si percibe una presencia extraña. El pentecostalismo igual que el chamanismo también libra una batalla con las fuerzas del mal, incluyendo como antagonistas a los mismos los brujos o hechiceros. Esa lucha por lo general tiene en ambos casos propósitos terapéuticos.

En la teogonía pentecostal los demonios se presentan de muchas formas y toman también formas animales. Algunos videntes pentecostales manifiestan haber visto, por 'visión' del espíritu, perros negros, arañas, toros mugiendo ferozmente, pájaros, etc., los cuales son 'reprendidos' en el espíritu con una fórmula usada casi con sentido mágico. Con gran exclamación y firmeza —como dándose aliento— la persona que percibe estos malos espíritus grita: ¡*la sangre de Cristo tiene poder!* "Te reprendo demonio sucio y te ordeno que salgas de aquí inmediatamente y no vuelvas más por este lugar." O bien esta otra: "Demonio inmundo, te ordeno por el poder que me ha dado Jesucristo, que dejes libre a este hombre [o a esta mujer] porque no te pertenece. Cristo te ha vencido en la cruz del calvario. Suéltalo, suéltalo, suéltalo, te lo ordeno en el nombre de Jesús."

En las curaciones de fe, el oficiante (Pastor o algún hermano con un 'don de sanidad') conjura primero al demonio que ha poseído a una persona y le pregunta: "Demonio, te conjuro en el nombre de Jesucristo a que me digas cómo te llamas." Esto lo hace en el entendimiento --muy antiguo también-- que *conocer el nombre* es asumir poder sobre la entidad maligna y se lo puede vencer con el poder que viene de lo alto.

Muchos son los casos en que la entidad se manifiesta a través de los labios del poseso, con gritos o quejidos chillones que emulan generalmente a animales considerados inmundos (cerdos) y en voz grave, responden al conjuro diciendo cómo sus nombres (Lucifer, Belcebú, legión, cubo, incubo, muerte, lujuria, desenfreno, lascivia, etc.). Naturalmente en este como en muchos otros aspectos el reconocimiento de las entidades sagradas está mediado por la cultura de la persona y más de las veces por el *imaginario popular* consensualmente construido por la comunidad de la que es parte y de acuerdo con las tradiciones ancestrales.

Luego el pastor o el 'ministro' que tiene el *don de liberación de endemoniados*, expulsa al demonio *en el nombre de Jesús*. La persona que es objeto de exorcismo, cuando es liberada cae al suelo exhausta, y manifiesta en sus facciones una liberación de tal atadura. Su rostro cambia, ya no tiene expresiones duras o contraídas, ni dice maldiciones contra Dios, ni profiere gritos, ni se sacude con convulsiones. Su estado puede describirse como el de profunda paz y hasta cambia el tono de su voz como de un remanso apacible o suave.

La expresión usada en el pentecostalismo para estos casos es 'liberación' de endemoniados y nunca el de 'exorcismo'.

En la concepción pentecostal las enfermedades pueden tener también diferentes orígenes y razones. Existen:
- Enfermedades causadas por el hombre (hechicería, o daño).
- Enfermedades permitidas por Dios ('pruebas de Dios' para el crecimiento espiritual del creyente. Caso típico aquí es el de Job de la Biblia por la que se probó su fidelidad a Dios).
- Enfermedades permitidas por Dios (reservadas para que la gloria de Dios sea manifestada, como el caso del ciego de nacimiento que sanó milagrosamente Jesús, pues de él dijo Jesús "este no pecó ni sus padres, sino que nació así para que la gloria de Dios se manifieste" oportunamente).
- Enfermedades por causa del pecado o 'desobediencia' de los

padres a la ley de Dios. Existe la idea que las consecuencias del pecado se transmiten por generaciones y por consiguiente los hijos lo heredan, incluso hasta la cuarta generación. Estas son consideradas como *maldiciones generacionales* y merecerán un tratamiento diferente a los de un dolor de cabeza, o de estómago.

- Enfermedades por causa del pecado que son un 'castigo de Dios' para escarmiento de la congregación. Así son explicadas sobre todo las enfermedades que conducen irreversiblemente a la muerte (cáncer, tuberculosis mal curada, sida) y las muertes súbitas, los accidentes terribles, o enfermedades moralmente censuradas (como las venéreas, y las drogas).
- Enfermedades por causas naturales, es decir, por la avanzada edad o envejecimiento.
- Enfermedades por causas espirituales como la *locura* o demencia por exceso de ayunos sin una previa consagración. También la búsqueda de dones espirituales con fines materialistas: Caso de Simón el mago, tristemente celebre por el uso de su nombre para la llamada 'simonía' y por querer comprar los dones del Espíritu con dinero.
- Enfermedades por tomar la santa cena en pecado. Muchas enfermedades se atribuyen a esta actitud, interpretando las palabras de San Pablo: "por esta causa muchos duermen", aludiendo a aquellos que "comen el pan o beben la copa del Señor indignamente".
- Enfermedades como medios utilizados por Dios para llevar a las personas hasta el límite de la vida hasta que lleguen a 'aceptar a Cristo', es decir, convertirse al evangelio.

Un aspecto interesante que puede expresar formas de transacción con el chamanismo es la *doble práctica terapéutica* por parte de los miembros y también de los que oran por la sanidad de los enfermos. Me refiero a las comunidades pentecostales de zonas suburbanas y rurales donde es tácitamente aceptado la *práctica curanderil* de origen chamánico y la oración evangélica al mismo tiempo para el restablecimiento de la salud. La misma persona que pide se le ore por sanidad, o bien acudió antes al curandero, o bien acude a él después del culto sin que medie algún remordimiento y como si se tratara de prácticas complementarias o no antagónicas.

En los últimos años se ha librado una *batalla simbólica* entre aquellos que aceptan la medicina tradicional o herbolaria y la curación por la fe. Todavía más, algunos hermanos evangélicos han incursionado en el negocio herbolario, asociando la fe evangélica a los conocimientos de medicina tradicional. Entre los más conocidos están para el caso peruano la Casa naturista La Reina y los Laboratorios ANGISA del Perú, estos últimos procesan y venden a través de un programa radial evangélico de amplia difusión como Radio del Pacífico, la emisora evangélica de mayor antigüedad y alcance del país. Igual se puede decir de medicinas naturales como las que provienen de compañías como Herbalife, Omnilife, o cualquier otra.

Un aspecto en el que aparecen similitudes entre pentecostalismo y chamanismo se da en la función del visionario, a nivel de sueños y 'visiones del espíritu' o del discernimiento espiritual de potestades maléficas o demoníacas.

Hay más de un caso en que los líderes pentecostales han manifestado haber sido llamados al ministerio pastoral mediante sueños. En la *experiencia onírica* dicen haber viajado. Que un ángel o que Dios mismo los condujo por los aires y los llevó a conocer el cielo y también el infierno. Incluso manifiestan que han conversado con Dios y le han preguntado por el significado de sus visiones. Cuando se despertaron, entendieron que estaban vocacionados para el ministerio, cambiando radicalmente sus vidas. Igual vocación nace en el chamán cuando es librado de la muerte o de un accidente fatal. Entran como en otra dimensión y se abre para ellos en un mundo antes desconocido.

En el pentecostalismo es tan real esta experiencia que, sin más demora, dejan sus trabajos seculares para dedicarse a los estudios teológicos como requisito previo para el ejercicio de la función ministerial. Otros, simplemente comienzan a ejercer la función ministerial con nuevos 'dones del espíritu', que son capacidades de sanación, videncia (don de discernimiento en el pentecostalismo) y poder de palabra o predicación, con denuedo y valentía.

Significado del chamanismo norandino para la sociedad peruana

Sin pretender aun sacar conclusiones definitivas sobre el chamanismo del norte del Perú, abordaremos tres cuestiones tendientes a la dilucidación del significado del chamanismo para la sociedad peruana. Quizá más que respuestas definitivas lo más conveniente será levantar algunas preguntas y ensayar algunas hipótesis en el orden cultural, social y económico-político.

Ordenador simbólico del ethos cultural del pueblo (Alternativa cultural)

En definitiva, el chamanismo ha llegado a ser un ordenador simbólico del ethos cultural del pueblo o de la comunidad que gira en torno a él. Las unidades culturales se construyen suponiendo como eje de relaciones al curandero, en su calidad de sacerdote popular y su oficio médico. El chamán es el sabio de la comunidad, el especialista de lo sagrado, el nexo entre las entidades sagradas (deidades o *wakas*) y los habitantes de la comunidad.

En la práctica chamánica, con sus rituales y con sus mitos, se articula el universo simbólico de la comunidad; se afirma la dimensión de espacio-tiempo sagrados. La historia futura (que se basa en el pasado) adquiere posibilidades de desenvolvimiento, y el pasado (que ya se está viviendo ahora en el presente), es reconstruido y afirmado en el éxtasis chamánico.

El chamanismo –en sus formas más autóctonas–representa para la comunidad que sufre las arremetidas de la modernidad y del capitalismo, una alternativa de afirmación cultural, de la identidad y de la tradición, de la continuidad de la etnia, del retorno de las *wakas*, del regreso de las deidades, de la afirmación del cosmos frente al caos y el laberinto de la ciudad. Y aun cuando no se acuda a él, sus consejos (los 'decires') estarán siempre presentes en la memoria de la gente guiando sus prácticas cotidianas.

Las variaciones en los rituales y en los elementos ceremoniales de la mesa chamánica, pueden dar luz sobre el movimiento de cultura en la región, sobre la capacidad de sincretismo de que son posibles, esto es de su capacidad de absorber los elementos extraños a la cultura propia y, por lo mismo, de la apropiación de sus poderes que, según se cree, estarían impregnados (consubstanciados) en los artefactos u objetos culturales.

Organizador de la conciencia social del pueblo (Alternativa social)

En la medida en que la religión es la base de la organización social y el chamanismo es uno de sus componentes primordiales, cumplirá para el pueblo la función de eje organizador de la conciencia social.

La práctica chamánica se convierte así en el factor integrador o cohesionador de la comunidad. Por su parte el *malero* te presenta el factor estructurante del sistema de convivencia, aunque no de la organización comunal porque este, quiérase o no, debe canalizar las fuerzas negativas para hacer un equilibrio de fuerzas. Como lo refiere Polia:

> Curanderos y brujos son los dos especialistas en el manejo del poder, antagonistas, pero funcionalmente complementarios. El curandero trabaja con el poder sagrado positivo de los incas y de las sagradas lagunas, el *malero* o brujo en cambio está compactado con las fuerzas oscuras del caos originario residentes en el subsuelo: los gentiles pre diluvianos.[22]

En la práctica chamánica hay que ver cómo se despliegan formas de relacionamiento social y de status, ya entre el tipo de 'clientes' que acuden al chamán moderno--por lo general gente con dinero, políticos, artistas, empresarios y también los empobrecidos de la ciudad o el caserío--, el status del mismo chamán en su comunidad, y de los auxiliares del chamán. Un estudio de la clientela de los chamanes puede ser ilustrativo para descifrar el grado de poder acumulado por el chamán–signado en el prestigio adquirido--(y también del chamanismo como institución social). Se puede también descifrar el eje de su gravitación en una determinada formación social, como es el norte andino (Ayabaca y Huancabamba) frente a la capital (eje de poder neo-colonial) y el sur del país: En términos

---

[22] Mario Polia Meconi, *Las Lagunas de los Encantos: Medicina Tradicional Andina del Perú Septentrional* (Lima, Perú: CEPESER, 1996), p. 174.

simbólicos y geopolíticos entre el Norte 'encantado' frente al sur 'empoderado', centro y eje del antiguo gobierno de los incas.

También hay que preguntarse por el tipo de relaciones sociales que podrían existir entre las diferentes comunidades andinas (las cuatro ciudades en el eje norte: Chalaco, Laguna, La Villa y el Alto de la Paloma). Existen entre la comunidad de Ayabaca y Huancabamba y los departamentos de Cajamarca como entre los descendientes de los jíbaros del Ecuador que aun hasta hoy cruzan la frontera para tomar los poderes de las Huaringas.

Un aspecto, que yo sepa, todavía queda por explorar es el de la continuidad, cambio y movilidad de los ejes y estructuras de poder a nivel de los antiguos centros ceremoniales representados en los actuales *centros de poder religioso*, tras el que se esconde generalmente conflictos de tipo político y económico.

Siendo consecuentes con este hilo de pensamiento, habría que proyectar este sueño a un análisis comparativo entre las grandes metrópolis de la antigüedad, como sugiere por ejemplo en otro nivel de análisis el estudio de Manuel Marzal sobre el sincretismo iberoamericano, que es un estudio comparativo entre los quechuas del Cusco-Perú, los mayas en Chiapas-México y los africanos de Bahía-Brasil.[23] Sería útil un estudio comparado de los chamanismos en las diversas regiones del país, o del continente, para salir ya del esquema propuesto por la moda investigativa sobre los chamanes del norte. Lo dicho nos lleva a la siguiente consideración de corte más bien político, la del chamanismo como mediación de los poderes políticos.

El chamanismo como mediador entre el mundo de los espíritus y los poderes de este mundo (Alternativa económico-política)

En la sesión chamánica se libra una batalla, la de los espíritus del bien contra los espíritus del mal, entre el curandero y el malero; se trata de la lucha de los encantos por librar a las almas encadenadas de las ataduras del sistema de la vida.

---

[23] Manuel Marzal, "Un Siglo de Investigación de la Religión en el Perú"; *Anthropológica* 14.14 (1996), pp. 7-28.

La pregunta aquí es si solo ¿se trata de una lucha espiritual en el terreno de lo religioso o si en esta lucha se cifra una lucha simbólica a nivel político? Nosotros creemos que, en el nivel de las representaciones simbólicas, dada la centralidad de la función del maestro curandero en la sociedad indígena, se libra una lucha política contra los poderes oponentes, cifrada en términos de poderes 'espirituales' del mal o bien en las deidades negativas.

Al mismo tiempo, no es casual que el curandero asuma en el compacto una relación de transacción con los héroes sacrales andinos, la *mamacocha* (diosa de las aguas) o algún 'inca' en particular. Pero la riqueza no radica en este hecho que ya es conocido, sino en averiguar por qué un determinado chamán elige tal o cual 'inga' o como siendo elegido por él en su experiencia onírica vocacional, para poder decodificar el tipo de poder en disputa representado en los héroes aludidos o invocados en la sesión chamánica.

Los dioses siguen vivos en la práctica ritual chamánica y una disputa mayor entre el poder central del inca y el poder de los Vicus o Tallanes a lo mejor sigue vigente. ¿Por qué ha subsistido el chamanismo en el norte peruano, por encima o por debajo de las transformaciones de la cultura? ¿Será que el *ethos* rebelde e indómito de los norteños de la antigüedad aún sigue en pie? Estas preguntas deberán resolverse naturalmente tras un análisis del discurso de las sesiones chamánicas y de un estudio comparado de estructuras de poder como hemos sugerido, cosa que no hemos podido hacer aquí por nuestras limitaciones en el manejo de la *semiótica*. Ésa es una tarea que promete interesantes resultados y que los investigadores del chamanismo deberían completar.

Conclusiones

Después de observar las prácticas chamánicas en la sierra norte del Perú y de intuir, tras la búsqueda indirecta de un sentido dado en esas prácticas las implicaciones sociales de su significación, podemos concluir diciendo lo siguiente.

(1) *El chamanismo es la trama vital de la cosmovisión norandina.* El chamanismo constituye un universo simbólico y como tal es una totalidad significativa para las comunidades de la sierra norte del Perú, más específicamente de Ayabaca y Huancabamba. Representa en ese sentido una textura o un tejido de relaciones colectivas y simbólicas cuya trama más profunda todavía no ha sido desvelada, pues los

afanes de la vida moderna, así como la lógica occidental de nuestros instrumentos de observación y de nuestros esquemas de análisis, no permiten conocerlo cabalmente.

Con seguridad, el chamanismo es un aspecto clave y determinante para entender la cultura, pues en él se produce y reproduce la cosmovisión norandina mediante la memoria (anamnesis) permanente de los mitos y ritos de origen, donando sentido a las personas que acuden al chamanismo en la búsqueda, muchas veces inconsciente, de sostener el equilibrio entre ellos y la naturaleza, entre ellos y los desafíos de la nueva sociedad, entre ellos y los dioses ancestrales o fuerzas que permanecen vivos.

A través del chamanismo, el hombre occidental puede conocer una lógica distinta de funcionamiento del mundo, una *otra* racionalidad para explicar la realidad, y para dar sentido a las vicisitudes de la vida, como es la enfermedad, la carestía de dinero y los juegos siempre incomprendidos del amor. Salud, dinero y amor —esos tres componentes de la vida cotidiana que parecen determinar nuestra existencia— tienen en el chamanismo una respuesta práctica, sin mediaciones ni racionalidades vacías que podrían llevarnos a la frustración, al nihilismo, o la pérdida de sentido (vacío existencial), que es peor que la muerte o los infiernos de Dante Alighieri.

(2) *Chamanismo y salud pública: más allá del curanderismo.* Nos preguntábamos al presentar nuestra investigación, cómo se explica la recurrencia al 'trabajo' curanderil y visionario del chamanismo, especialmente en un contexto donde la salud pública es casi inaccesible a la mayoría de los peruanos, donde los márgenes de seguridad psicosocial se reducen cada vez más y donde la visión de futuro es incierta incluso para quienes intentan dirigir el país. La respuesta es obvia, y la investigación del curanderismo ha sido concluyente a este respecto. No se trata únicamente de razones financieras o la escasez de recursos lo que lleva a las personas a acudir a los chamanes, aun cuando eventualmente esta podría ser una motivación aceptable, dada la crisis de distribución de las riquezas en nuestro país. Parece haber algo más, que la simple razón funcional de la escasez de dinero. El chamanismo resulta atractivo para la diversidad de clientes en la medida que da sentido a sus vidas y les permite sondear en las regiones de lo desconocido, de lo oculto y misterioso, pues allí pueden afirmar sus identidades perdidas y hallar un equilibrio con la naturaleza.

Se trata de un reencantamiento de la vida, pues la industrialización, la modernización, el secularismo, la urbanización, la racionalidad moderna, y todas las demás 'conquistas' modernas, 'logros' de la civilización occidental, han producido un vacío existencial que solo la religión o la religiosidad ancestral en nuestro caso, puede llenar.

Estar sano, tener la salud, es pues sinónimo de ser salvo. El hombre contemporáneo, necesita salvación, pero no únicamente del 'pecado' en el sentido piadoso del término, sino de las estructuras espirituales de maldad, del sistema económico y político que nos oprime, de nuestras propias reglas sociales que nos aprietan; en fin, ser salvos de nosotros mismos. Necesitamos liberar o redimir nuestro mundo y sus sistemas ecológicos.

(3) *Chamanismo, núcleo de la religiosidad andina subsistente*. Por la estructura significativa, el sistema de creencias (mitos) que despliega, los rituales sincréticos, mezcla de saberes antiguos e influjos cristianos, las formas de organización comunitaria a los que alude el chamanismo, así como una ética implícita funcional al panteón andino a los cuales hay que propiciar, podemos concluir que el chamanismo aun hoy constituye el núcleo fundamental de la religiosidad andina subsistente y está a la base incluso de las religiosidades populares.

Sin embargo, iríamos muy lejos si afirmamos que con el chamanismo estamos ante una religión. Se trata, creo yo, de una ritualidad, de un sentimiento y drama colectivo, es decir de una religiosidad profunda, que evoca un sistema religioso ancestral, pero cuyos perfiles no son posibles de definir todavía con exactitud, dada la influencia del occidentalismo.

(4) *Chamanismo, más allá de la Tradición y la Modernidad*. El sincretismo expresado en el ajuar chamánico, así como en sus oraciones, entre otros signos, muestra un chamanismo a caballo entre la tradición (lo andino) de muy larga data, y la modernidad introducida en nuestras tierras desde la llegada del régimen español y la fe cristiana.

Sin embargo, ni el chamán ni los clientes o pacientes ven esta situación como una disyuntiva preocupante. Simplemente asumen que la vida cambia más rápidamente que lo que pueden cambiar las teorías sociales que las explican. Dan una respuesta pragmática e intuitiva a los cambios propios de la vida moderna. Parecen no hacerse problemas, ni preocuparles qué son exactamente o menos discutir el tema de la identidad. Ser moderno, premoderno o postmoderno, en el sentido material o pragmático de estos conceptos, es un problema ajeno a la lógica chamánica. De lo que se trata más bien es de poder explicar el mundo de manera que tenga sentido, de vencer o dominar los terrores de la naturaleza, de estar en paz con los dioses, de poder vivir en una sociedad igualitaria, es decir, en común unidad con todos.

(5) *El Chamanismo, una lógica diferente*. Así pues, podemos concluir finalmente que el chamanismo peruano, y en particular el chamanismo practicado en la Sierra de Piura (Ayabaca y Huancabamba), es una oferta alternativa de conducción religiosa, dirección espiritual, restitución de la salud; un ordenador simbólico del *ethos* cultural piurano y, eventualmente, una mediación para la organización social, en la que muchos peruanos encuentran una respuesta a determinadas demandas insatisfechas por el Estado, el liderazgo político y por las religiones oficiales del país. En tal virtud, cumple una *función reordenadora de la cultura* y se constituye en un eje articulador de la organización social para las sociedades tradicionales que mantienen relaciones de transacción y oposición (conflicto) en función de la religión en el mundo hispánico moderno.

En tal virtud, el chamanismo, como otras prácticas religiosas, es un actor religioso que opera en el Campo Religioso Peruano como *un contrapoder cultural*, una especie de sacerdocio alternativo, que *afirma, mantiene y expresa* formas de *disidencia religiosa* en un contexto de permanente y acelerada transformación social.

ÉTICA SOCIAL DE LOS PENTECOSTALES CHILENOS

Oscar Corvalán Vásquez

El presente artículo intenta examinar el comportamiento social de los pentecostales chilenos no solo en cuanto al juicio que tienen ellos sobre el mundo en que viven y al proyecto global de sociedad a la que aspiran, sino también teniendo en cuenta que forman parte de grupos sociales que también tienen paradigmas de interpretación de la realidad, y, en algunos casos, proyectos globales de sociedad contradictorios con los que presentan los pentecostales.

Anteriormente traté de mostrar[1] cómo, en la medida en que los pentecostales forman parte de las clases populares, su conducta social, si bien se diferencia claramente de la que presentan dichas clases, estará influenciada y a veces subordinada por las conductas sociales que prevalecen en los sectores populares.

En particular, interesa destacar aquí aquellas conductas que dicen relación con la forma en que tanto las conductas individuales como sociales se asemejan y/o se diferencian de aquellas propias de las clases sociales a las que pertenecen, como consecuencia de que numerosos contingentes de esas clases han adherido al movimiento pentecostal chileno.

En este contexto, se prefiere conceptualizar a los pentecostales más como un movimiento que como una iglesia protestante formal.

---

[1] Véase, "Círculo de Reflexión y Estudios Evangélicos", *CREE* (noviembre 1986).

No como una secta ni tampoco como una iglesia organizada similar a aquellas heredades de la Reforma Protestante o de los movimientos surgidos con posterioridad a la misma. Cabe señalar que las iglesias protestantes que surgieron en Alemania, Escocia, Holanda, Inglaterra o Suiza, fueron iglesias del Estado nacional o cantonal. Hasta ahora la estructura organizativa de los pentecostales chilenos se asemeja más a un movimiento social que a una organización eclesiástica estructurada, que exige a sus líderes años de estudio teológico previo para acceder a puestos jerárquicos, con escalas de remuneraciones, registros de miembros, con una confesión de fe formalizada y respetada, y con una organización para la gestión administrativa que controla ingresos y egresos. Casi nada de esto tiene la mayoría de los pentecostales chilenos, quienes también se diferencian de los pentecostales ligados a iglesias extranjeras, precisamente porque estos tendrían las características organizacionales recién mencionadas para las iglesias protestantes históricas. La activa participación que tienen las congregaciones pentecostales chilenas en diversos organismos inter-eclesiásticos tampoco las hacen merecedoras de la categoría sociológica de secta, que no se relacionan con ninguna de sus congéneres. Pero de a poco conjuntos de congregaciones comienzan a estructurarse bajo el modelo protestante o evangélico, principalmente siguiendo el modelo episcopal metodista.

Por otra parte, el examen de la ética social se relaciona con preguntas tales como el saber que cambia en la relación que una persona tiene con los demás de su propia comunidad y sociedad luego del cambio de paradigma interpretativo que significa la conversión; y, en particular conocer cuáles son los ámbitos de la vida de dichas personas que son afectados por una nueva visión del mundo y de las personas.

La RAE define la ética como "esa parte de la Filosofía que trata de la moral y de las obligaciones del hombre".[2] Sin embargo, esta definición aparece como muy general. Desde el punto de la Sociología, lo que interesa estudiar son las conductas sociales observables en función de las razones que los seres humanos dan acerca del porqué de dicho comportamiento.

---

[2] Véase, *Diccionario de la Real Academia Española* (Madrid, España: RAE, 2019).

Desde el punto de vista del cristianismo, la salvación ofrecida por el perdón divino está vinculada con un acto personal de conversión. No obstante ser un acto personal, se entiende que la conversión debe necesariamente expresarse en una renovación de las relaciones personales y sociales. Dicha renovación no es una mera consecuencia de la conversión sino un elemento esencial que afecta a la totalidad del ser humano, y no solo a sus ideas religiosas o concepto de Dios.

Por lo tanto, se espera que a partir de la conversión nazcan nuevos intereses, motivos, actitudes, expectativas y opiniones que de una manera u otra transforman las relaciones que sostiene el/la convertido/a con los que le rodean, su comunicad y la sociedad toda. Es decir, se espera que la velocidad con que ocurra dicha cambo pueda variar de una persona a otra, pero se supone que produce una renovación efectiva de los patrones de interpretación de la realidad social y de las conductas personales y sociales que se derivan de la conversión.

En la misma medida en que los pentecostales rechazan tanto el tipo de relaciones dominantes en la sociedad, en la que ocupan un lugar menospreciado, también a menudo su proyecto de transformación de la misma difiere de la que ofrecen otros grupos sociales de su clase, en particular por la estrategia no violenta que patrocinan. Por tanto, es importante estudiar la racionalidad que subyace en cada una de las posturas de ética de grupos sociales al interior de la clase social y entre ésta y las demás.

En consecuencia, este informe constituye una exploración de, por una parte, cómo se sitúa el pentecostalismo chileno respecto de los comportamientos sociales y políticos que, históricamente, han presentado diversos grupos de cristianos; y, por la otra, respecto de los comportamientos sociales típicos que presentan los individuos que constituyen las clases populares a las cuales los pentecostales indudablemente han pertenecido, ya que algunos estudios han mostrado como estos en las últimas décadas han transitado hacia las clases medias bajas.

Elementos de Teoría Sociológica

Para una mejor comprensión de la ética social de los pentecostales nos preguntaremos por su relación con la cultura, el Estado, la política y la economía, como referentes básicos del comportamiento social de toda persona que habita en sociedad.

A través de la historia como en diversas sociedades contemporáneas, diversos grupos de cristianos han presentado y presentan diferentes éticas sociales. La Sociología de la Religión muestra cómo diferentes movimientos cristianos en su evolución histórica presentan características diversas en el tiempo en cuanto se refiere a su relación con la sociedad en que se desenvuelven.

El sociólogo y teólogo H. R. Niebuhr ha formulado una tipología de éticas sociales del cristianismo sobre la base de una definición sociológica de cultural aportada por Malinowski, quien la definió como "aquel ambiente artificial y secundario que el hombre superpone al ambiente natural, y que comprende el lenguaje, las costumbres, las ideas, las creencias y las organizaciones sociales, los procesos artesanales y las técnicas heredadas y los valores". Por tanto, en la medida en que estos elementos culturales varían también en los sectores populares –pentecostales y no-pentecostales - respecto de la cultura de clase media que usualmente presentan los investigadores sociales, éstos deben tener sumo cuidado en no juzgar los elementos ético-culturales del pentecostalismo solo a partir de su propia cultura.

Dado el carácter comprensivo de la cultura de un pueblo, es imposible que alguien pueda escapar a ella. De modo que sea cual fuere el movimiento o subgrupo al que ciertas personas puedan pertenecer, de una manera u otra estarán obligadas a aportar alguna respuesta a los elementos que conforman la cultura de su clase, grupo y cultura dominante en la sociedad.

La tipología de las éticas sociales construida por Niebuhr[3] distingue cinco respuestas que serían típicas de diversos grupos de cristianos a través del tiempo, a saber, a) el Cristo contra la cultura, que se refiere a la posición de grupos de cristianos que ofrecen una respuesta negativa frente a la cultura y exigen de sus miembros una elección tajante entre Cristo y la cultura. Pero aquí cabe comentar si acaso dicha cultura se refiere a la cultura impuesta por los grupos dominantes de la sociedad en cuestión, o bien, si el rechazo incluye también –y en qué medida- a la cultura popular a la que pertenecen los grupos dependientes o dominados. Esta distinción resulta

---

[3] H. Richard Niebuhr, *Christ and Culture* (Nueva York, NY: HarperCollins, 1956), pp. 40-3.

especialmente útil de hacer en el caso de los pentecostales chilenos y constituye en cierto modo una explicación en sí a su comportamiento social. b) El Cristo de la Cultura, que corresponde a la respuesta que han dado grupos de cristianos que presentan un reconocimiento de la concordancia fundamental entre la fe y la cultura, situación en la cual el Cristo es considerado como un héroe de la sociedad humana. Si bien esta postura no ha sido muy común en el cristianismo, ha sido ilustrada históricamente en los tiempos modernos por los Deutsche Christen del tiempo de la Alemania Nazi. c) El Cristo sobre la cultura, representa una tercera respuesta posible, donde el Cristo pasa a ser "el cumplimiento de las aspiraciones culturales y restaurador de las instituciones de la verdadera sociedad", cuya síntesis más acabada ha estado representada por el Tomismo. d) El Cristo y la cultura en paradoja representa una cuarta respuesta posible de grupos de cristianos frente a la cultura de su época, en donde la dualidad y la autoridad de Cristo son reconocidas, pero también se acepta la oposición entre ellas, de modo que una síntesis de ambas realidades sólo podría ser post-histórica. Esta síntesis estaría representada por Lutero y el Luteranismo. e) Por último, Niebuhr presenta el tipo de relación que denomina a Cristo como transformador de la cultura, donde la antítesis previamente señalada no desemboca ni en una separación del cristiano frente al mundo que le rodea, ni en la simple aceptación de la espera de una salvación transhistórica, sino que el Cristo es comprendido como el que convierte al hombre en su cultura y en su sociedad. Esta posición se encuentra inscrita tanto en la tradición católica de San Agustín como en la tradición protestante de Calvino.

Frente a las diversas variantes que presentan las categorías de dicha tipología de éticas sociales del cristianismo en diversas situaciones en el tiempo y en el espacio geográfico, el pentecostalismo chileno parece más asimilarse en su estadio actual a la opción descrita en la opción (a), donde Cristo aparece contra la cultura. Sin embargo, cabe notar que si bien este movimiento religioso nació con esa posición, se debió, por un lado a los rápidos cambios sociales operados en el país como consecuencia de procesos de urbanización, parcial industrialización y explotación minera; y, por el otro lado, debido a su rápido crecimiento cuantitativo durante el siglo XX. En el presente Siglo XXI este movimiento religioso se encuentra en una mutación, sea hacia la visión de Cristo y la cultura en paradoja (luteranismo), sea, en algunos casos, hacia el Cristo transformador de la cultura (calvinismo).

En particular, los rápidos cambios sociales, económicos y políticos experimentados por el país desde la década de los años 1960s han llevado a vaivenes en la ética social y política de los pentecostales que llevan a pensar que su aversión a la cultural nacional y/o popular no ha sido total sino parcial. Si durante algunas décadas del Siglo XX se encerraron en sí mismos fue una estrategia necesaria para la consolidación del movimiento, para poder luego irrumpir en la sociedad, con un nuevo modelo de organización social, dado por su creciente institucionalización y mejoramiento de estatus socio-económico observados. Estos factores también se pueden observar en la evolución de los sectores populares no-pentecostales.

De la misma manera que los pentecostales están impregnados de la cultura de los sectores populares urbanos y rurales del país, de donde provinieron, en cuanto herederos de la Reforma Protestantes y el movimiento metodista, están también marcados por las posiciones y actitudes asumidas históricamente por dichos grupos de cristianos, sea frente al Estado, sea frente a la cultura dominante en sus propios grupos sociales. Conviene, entonces, revisar cuáles han sido las actitudes que históricamente han venido asumiendo los cristianos frente al Estado.

El sociólogo clásico Max Weber sostuvo que las posiciones de los cristianos frente al Estado han variado desde una posición de repudio absoluto al Impero Romano, por parte de los primeros cristianos, hasta una valoración positiva de la autoridad pública, incluso de aquella no creyente, como en los llamados Estados Laicos de hoy.[4] Weber también construyó una tipología sobre la relación Cristianismo-Estado, la cual se resume en las siguientes cuatro situaciones: (a) repudio absoluto del cristianismo antiguo y medieval al Imperio Romano, que era visto como cuasi eterno durante la antigüedad; (b) indiferencia política completa, y, por consiguiente, tolerancia pasiva de la violencia del aparato del Estado, incluyendo la cooperación en todas aquellas obligaciones que no afectasen el sentido religioso de la salvación, como por ejemplo, el pago de

---

[4] Max Weber, *Economía y Sociedad* (Madrid, España: Fondo de Cultura Económica, 2002), pp. 325-39.

impuestos simbolizado por la frase 'dar a Cesar lo que es de Cesar'. (c) alejamiento de la vida política concreta, invocando que la participación política llevaba consigo el pecado del culto al emperador, pero reconociendo que a pesar de lo pecaminosa que fuera la autoridad (creyente o atea) era necesaria y permitida por Dios para corregir a los hombres, quienes, habiéndole fallado a Dios deberían aceptar humildemente la carga de la autoridad.

Al contrastar esta tipología con la situación contemporánea del pentecostalismo, es posible constatar que, en la media en que la medida en que las dos primeras situaciones descritas en la tipología correspondieron a un periodo de expectativa escatológica del cristianismo, propio de la primera mitad de su siglo en Chile, éste asumió actitudes de repudio total hacia lo política, sea de plena indiferencia. Sin embargo, como se verá más adelante, estas posiciones no han estado exclusivamente alimentadas por sus situaciones de expectativa escatológica, sino también por las actitudes y expectativas de las clases marginadas de lo político por las clases dominantes de la época.

Por una parte, las propias aspiraciones totalitarias (y anti-bíblicas) del lema tan a menudo repetido entre los pentecostales: 'Chile para Cristo', está impregnada de una visión teocrática del mundo en donde los valores del pentecostalismo llegarían incluso a permear al poder político que maneja la sociedad, situación que es absolutamente incoherente y que frecuente conduce hacia la auto-marginación política. En efecto, si Chile entero fuera pentecostal, las instituciones de la cultura (universidades, liceos, escuelas, etc.), del Estado (Ministerio, Municipalidades, etc.) y de la economía (fábricas, fundos, bancos, etc.) tendrían que poner en práctica una ética pentecostal que reflejara los valores del cristianismo así reinterpretado. Pero, en la medida en que no se tienen modelos culturales, políticos y económicos alternativos para ofrecer a la sociedad, dicho lema no tiene ninguna posibilidad de realizarse y constituye más bien un elemento de tipo ideológico o de motivación evangelizadora.

Por otra parte, diversos grupos de cristianos en el mundo han presentado variados tipos de relaciones con la economía (como por ejemplo los Amish en Paraguay) que no han logrado una viabilidad para la sociedad entera en el largo plazo. Pero una religión de salvación como el pentecostalismo, generalmente adopta el aspecto de una revolución social, puesto que aspira a una nueva comunidad basada en principios o normas sociales nuevos, tal como el de la caridad y solidaridad universal, principios que se contradicen con el capitalismo competitivo hegemónico imperante.

Las tensiones con lo económico pueden en ocasiones adoptar diversas formas, tales como oposición al interés y la usura, favorecimiento de la limosna y de una vida reducido a las estrictas necesidades básicas, o anti-consumismo, o bien hostilidad al comercio que no agrada a Dios, como suele ocurrir con el alcohol y el tabaco entre los pentecostales chilenos. Sin embargo, lo más conflictivo en la relación cristianismo-economía se presenta en la oposición latente entre el principio a-cósmico del amor y la racionalización de la vida moderna, cuya manifestación más tangible está constituida por la lucha que se da en el mercado por el cálculo racional.

Al respecto, Julien Freund afirma que la noción de capitalismo choca con las tendencias contemplativas y ascéticas de las religiones de salvación —como el pentecostalismo - debido a que la búsqueda del beneficio desviaría al ser religioso de la vida interior (contemplativa).[5] Por su parte, Max Weber sostiene, que "la religiosidad mística sigue un camino opuesto al de la racionalización de la economía."[6]

Probablemente aquí yace una importante distinción entre el pentecostalismo como avivamiento y como iglesia. A través de la historia, las iglesias en cuanto estructuras sociales organizadas han encontrado formas de acuerdo y convivencia con las estructuras económicas, llegando en la actualidad —en algunos casos - a usar para sus fines los intereses del capital invertido por las iglesias más grandes y estructuradas. Pero esta situación que difícilmente se aplicaría al pentecostalismo chileno.

Por un lado, se puede decir que la ética puritana protestante logró dominar de manera consecuente las contradicciones entre vida religiosa e interés económico, al renunciar a la universalidad del amor para hacer del propio trabajo una forma de servicio a Dios. Sin embargo, no fue el Calvinismo Reformado el que dio origen al

---

[5] Julien Freund y Alberto Gil Novales, *Sociología de Max Weber* (Madrid, España: Ediciones Península, 1966), pp. 262-73.

[6] Weber, *Economía y Sociedad*, p. 332.

pentecostalismo en Chile, del cual solo heredó algunos rasgos morales del puritanismo, que aún conserva, pero en ningún caso su ética económica.[7]

Por otro lado, se tiene el caso del misticismo, situación en que el hombre no se considera un instrumento de la voluntad de Dios para cambiar la sociedad, sino un mero instrumento de Su Gracia, cuyo fin consistiría en llegar a alcanzar un estado próximo a lo divino. Esta actitud implica renunciar completamente al mundo y dar la espalda a las solicitudes de la vida cotidiana, para que, silenciando todos los intereses humanos, Dios pueda hablar al alma de la persona. Así, el objetivo del místico es encontrar el reposo de Dios, experiencia que resulta ser más incomunicable mientras más profunda sea.

Por último, encontramos al ascetismo como una actitud humana donde la actividad ético religiosa va acompañada de la conciencia de ser un instrumento de la voluntad divina, puesto que el asceta considera que es Dios quien dirige sus actividades. El ascetismo puede adoptar formas radicales que lo llevan a huir del mundo, romper con la familia y la sociedad, renunciar a las posesiones personales y a todo interés político, artístico o incluso estético; o bien, puede adoptar una actitud de compromiso que lleva al asceta a ejercer su actividad religiosa en el mundo, como el puritano que se considera un instrumento de la voluntad de Dios para ejercer su influencia en el mundo, tratando de glorificar a Dios por medio de la actividad profesional, la vida familiar, y por el rigor de su conducta en todos los planos de la vida, considerando que sus acciones en el mundo son tareas o deberes que Dios le pide realice en su lugar.

Frente a la tipología recién descrita, definitivamente nos parece que el pentecostal chileno rara vez llega al misticismo, y que, más bien su postura oscila entre la del asceta radical que huye del mundo y aquella del asceta comprometido que combina el rigor de su conducta

---

[7] El primer líder pentecostal W. Hoover (Iglesia Evangélica Pentecostal) enfatizó la doctrina espiritual y no la social de la Iglesia Metodista, de la cual él provenía. Véase, Luis Alberto Orellana, "La matriz religiosa del pentecostalismo en Chile: la Iglesia Metodista Pentecostal de Chile y la Iglesia Evangélica Pentecostal (1909-1973)", *Memoria y Sociedad* 20.40 (2016), pp. 266-85.

con un testimonio permanente respecto de lo que considera ser la voluntad de Dios en los distintos planos de la vida.

Más específicamente relacionado con la ética social de los pentecostales chilenos, a continuación se presenta un análisis esquemático de las relaciones que desarrollan los pentecostales al interior de la familia, con sus amistades y con sus compañeros de trabajo, por un lado, y, respecto de su participación en organizaciones vecinales, sindicales y políticas, por el otro. A este respecto, el autor se pregunta acerca de las implicancias de las posturas pentecostales con relación a la participación que podría tener en el proceso de redemocratización del país. Finalmente, este informe concluye con un breve análisis de las características de la religiosidad pentecostal en relación con la religiosidad popular.

Conversión y ética pentecostal

Como se señaló anteriormente, el objetivo de este trabajo consiste en examinar qué cambia en la relación entre el pentecostal y los demás individuos y grupos con los cuales interactúa sea directa o indirectamente. En consecuencia, se examinarán en primer lugar las conductas del pentecostal respecto de sus amistades, familia, vecindario y trabajo, para pasar luego a observar la conducta social respecto de su participación social y política.

De acuerdo con un estudio realizado por Juanita Polhnys, citado por Hans Tennekes,[8] la conversión al pentecostalismo puede tener diferentes referentes y consecuencias para hombre y para mujeres.[9] Cuando un hombre se convierte, inmediatamente entra en conflicto con las pautas de conducta que le fija la concepción machista típica de los sectores populares. El cambio fundamental consiste en que permanece mucho más tiempo que antes en su casa, como consecuencia del rompimiento con sus amigos, a quienes anteriormente encontraba a diario en el bar, el clandestino, o la

---

[8] Oscar Corvalán, "Distribución, Crecimiento y Discriminación de los Evangélicos Pentecostales", *Revista Cultura y Religión* 3.2 (2009), pp. 70-93.

[9] Sonia Montecinos y Alexandra Obach, "Caminar con el Espíritu: Perspectivas de Género en el Movimiento Evangélico Pentecostal, *Estudios Públicos* 87 (2002), pp. 321-48.

cancha de futbol. De esta forma se queda sin las tradicionales amistades al convertirse, lo cual constituye un cambio radical en un medio popular donde el prestigio y las posibilidades de desarrollo personal están ligados al número de amigos que se tiene. Sin embargo, el nuevo creyente pentecostal no queda aislado de amistades, por cuanto si ha perdido sus antiguas relaciones, ahora cuenta con la amistad de los hermanos de su congregación.

En cuanto a las relaciones con los miembros de su familia, se ha observado que en el nuevo creyente pentecostal opera un cambio radical. El trato para con su esposa e hijos se hace más considerado y afectuoso, y el hombre asume un conjunto de tareas y deberes domésticos –relacionados con el manejo de la casa y la educación de los niños- que nunca antes había asumido; pero, principalmente, el convertido toma realmente en serio ahora su responsabilidad de proveer al sustento de su familia, situación a menudo faltante en los medios populares y agravada por el alcoholismo reinante en ese medio.

En el caso de la mujer, la conversión implica a menudo un cambio más bien de carácter cualitativo, en la medida en que se establece entre ella y su marido una relación más armoniosa, cuando el hombre también se convierte. En este caso la esposa adopta, sin embargo, un rol subordinado que el modelo tradicional de valores adjudica a la mujer; pero, se observa que el marido ejerce su dominación de manera muy distinta a la usual en los medios populares que le rodean, de modo que no es extraño que ella vea a su esposo en forma más positiva que sus congéneres del vecindario.

Así, con la conversión al pentecostalismo se alteran los modelos tradicionales de relación de pareja prevalecientes en los sectores populares, donde sea el hombre domina en forma total, sea la mujer es la jefe de familia y acepta a un hombre tras otro solo en la medida en que sea solidario en mantener el hogar. El hombre pentecostal, por su parte, usualmente renuncia a la prerrogativa de dominante que le confiere el modelo tradicional de la relación hombre-mujer en los sectores populares, para ensalzar un conjunto de valores y virtudes que hacen a la estabilidad del grupo familiar. El hombre, sin embargo, no se cuestiona su dominación y la subordinación de la mujer, lo que, por cierto, vuelve a constituir una forma de reforzar la concepción tradicional de pareja y la moral tradicional que – a menudo - rechaza el divorcio y en algunos casos el control de la natalidad.

Ese cambio en las relaciones hombre-mujer y en el comportamiento de las mujeres pentecostales en sectores populares de una comuna marginalizada del Gran Santiago ha sido investigado por Sonia Montecinos[10], marcando un antecedente importante para el estudio de la nueva ética social de las parejas convertidas a esta doctrina cristiana.

En cuanto a la relación del hombre pentecostal con sus amigos, el cambio que se produce en sí mismo le proporciona una nueva legitimación de los valores que condicionan su conducta cotidiana, en la medida en que le preocupa más lo que Dios pensará de sus actos que lo que dirán sus amigos o vecinos no creyentes. Sin embargo, la pérdida del control social que ejercían anteriormente los amigos sobre el nuevo creyente, ahora, con valores renovados, lo ejercen los demás creyentes de la congragación a la que se encuentra asociado.

La Participación del Pentecostal en el Vecindario y en su Trabajo

Si bien es difícil establecer grados de participación en Juntas de Vecinos y Sindicatos durante la Dictadura de 1973-1989, por las restricciones a la participación ciudadana impuestas en ese periodo, es posible afirmar que anterior y luego después de la Dictadura ha resultado cuantitativamente más baja que sus congéneres de clase, pero más significativa en términos de ocupar con responsabilidad los cargos que se les ha confiado al interior de la organización local o sindical. En efecto, dado el alto grado de alcoholismo prevaleciente en el llamado bajo pueblo, el cargo de tesorero del sindicado a menudo se le confió a un pentecostal porque ha sido abstinente. También en las Juntas de Vecinos, dada la experiencia de liderazgo desarrolladas en alguna iglesia pentecostal, especialmente entre las mujeres, quienes ocupaban cargos directivos lo han hecho con mayor dedicación. Ello porque los/las pentecostales gozan de algún grado de mayor prestigio en el barrio o en el lugar de trabajo, por ser personas responsables y cumplidores de sus obligaciones.

---

[10] Sonia Montecinos, "Nuevas Feminidades y Masculinidades. Una Mirada de Género al Mundo Evangélico de La Pintana", *Estudios Públicos* 87 (2002), pp. 73-103.

Por otra parte, a menudo los pentecostales hacen una tajante distinción entre organizaciones vecinales, sindicales y políticas, anatematizando éstas últimas. La participación que les parece más obvia y menos conflictiva con sus valores religiosos es la vecina, que es precisamente aquella que va en beneficio del mejoramiento de las condiciones ambientales del barrio en que viven y en favor de los más desfavorecidos. Respecto de este último punto, la crisis casi permanente en la que viven los sectores populares del país y sus consecuencias, especialmente sobre los niños, ha llevado a numerosos grupos de pentecostales a unirse para la creación de organizaciones de base para atender sus necesidades más apremiantes como la alimentación y la educación. Ello fue particularmente efectivo durante el periodo de la Dictadura. Estas tareas de servicio al prójimo son claramente comprendidas como propias de los pentecostales, pero se alejarán de las organizaciones vecinales en la medida en que éstas aparezcan a sus ojos como politizadas o al servicio de determinado partido político.

En el campo laboral, también la participación de los pentecostales presenta características específicas. En primer término, cabe señalar que el autor ha observado reiterativamente en numerosas congregaciones pentecostales que la tasa de desempleo entre estos creyentes resulta ser más baja que la prevaleciente entre sus vecinos y congéneres. Esto se debe a que la comunidad pentecostal a menudo actúa como una familia extendida en la resolución de los problemas laborales, familiares u otros que se le presentan al miembro de la congregación, asumiendo colectivamente el desafío que presenta cada problema. Esto se manifiesta, por ejemplo, en que cuando uno de los creyentes solicita el apoyo en oración para poder encontrar trabajo, la comunidad pentecostal no solo ora, sino que se pone en acción en el lugar de trabajo u ocupación de cada uno para que su hermano/a cesante pueda encontrar trabajo y así poder subvenir a sus necesidades personales y responsabilidades familiares.

Al ser menos afectado el fiel pentecostal por el flagelo de la cesantía frecuente entre los sectores populares, junto con una ética puritana que lo lleva a manejar cuidadosamente su ingreso familiar – dando prioridad a sus necesidades básicas - no comparte necesariamente la crítica al sistema social de grupos de su clase que se ven golpeados más duramente por las injusticias sociales. Esto lo lleva a ser más renuente a participar, por ejemplo, en sindicatos de cesantes o trabajadores eventuales; o bien, a incorporarse al sindicato de la empresa con una actitud menos politizada. Sin embargo, en periodos de abierta participación social y laboral, este autor[11], constató en un estudio realizado en la Provincia de Concepción, que tradicionalmente ha tenido uno de los más altos porcentajes de pentecostales del país, que la participación de los creyentes pentecostales en sindicatos de empresas era similar a la de los demás trabajadores de las mismas.

Si bien la opinión que generalmente tienen los compañeros de trabajo de los pentecostales es positiva por tratarse de personas responsables en su trabajo y en quienes se puede confiar, la relación no resulta completamente armoniosa en la medida en que los pentecostales a menudo se restan de las actividades sociales de los trabajadores, principalmente por el consumo de alcohol.

La opinión de los pobladores sobre los pentecostales tampoco resulta unánime, pero generalmente es mayoritariamente favorable, dada la vida familiar y vecinal ejemplar que llevan. Las opiniones desfavorables se relacionan con la intolerancia de algunos, su falta de información sobre lo que pasa en el mundo y su persistencia en participar frecuentemente en cultos y servicios religiosos. También a muchos les choca la emocionalidad que manifiestan los pentecostales en sus cultos y las referencias que hacen en sus predicaciones a los pecados que cometían antes de su conversión.

El aislamiento del pentecostal respecto del ambiente en que se desarrolla es consecuencia casi inevitable de su modo de vivir, el cual para el común de la gente resulta incomprensible o incluso inaceptable. Por un lado, la gente que convive con ellos reconoce que los pentecostales son honrados, laboriosos, buenos esposos y padres; pero por el otro lado, esa misma gente puede manifestar actitudes de menosprecio debido a que no participan a menudo con ellos en sus tradicionales formas del compartir social. La alternancia de vida que ofrece el pentecostal a menudo resulta ser integrista, puesto que abarca todos los ámbitos de la vida del individuo, mirándose con desmedro a quienes ofrecen una participación limitada a la comunidad pentecostal. Pero el aislamiento que estos creyentes se

---

[11] Oscar V. Corvalán (1973), "Evangélicos y Huelga Social: Estudio Sociológico de Segmentos del Pentecostalismo." Tesis de Grado. Instituto de Sociología. Universidad de Concepción, 1972, pp. 52-64.

imponen a sí mismos muestra una noción sociológica fundamental, que consiste en estrechar los contactos con su propia comunidad para paliar los efectos dela ruptura que ha efectuado con el medio ambiente tradicional de los sectores populares chilenos.

Las Condicionantes de la Participación Política

La dificultad de analizar las condicionantes de la participación de los pentecostales en la vida política del país durante el período de dictadura ha sido obvia, por cuanto durante 17 años la Dictadura de Pinochet suprimió la participación política ciudadana. Por tanto, esta sección se refiere tanto al periodo anterior como posterior a la Dictadura de 1973-1989. Una segunda advertencia, se refiere al hecho que antes que analizar la participación numérica o porcentual de los pentecostales en tal o cual corriente política o evento político, interesa al autor explorar la compatibilidad de la cosmovisión pentecostal con la manera de hacer política que ha prevalecido en el país, así como comparar la participación de pentecostales y no pentecostales de sectores populares.

En primer término, cabe señalar que la cosmovisión del pentecostal lo lleva a veces a visualizar a la actividad política como antagónica a la actividad religiosa que él/la práctica, en la medida que, por un lado, le resta tiempo para dedicarlo al culto religioso, y por el otro constituye un mundo plagado de conflictos que trata de evitar por lo tener instrumental eficaz para tratarlos.

Pero también cabe señalar que la separación entre religión y política no es exclusiva de los pentecostales, sino que constituye un rasgo característico de los sectores populares. Según Tennekes[12], la mayoría de los pobladores estima que la religión y la política son incompatibles y opinan que las iglesias deben mantenerse al margen de las actividades político-partidistas. Además, de hecho, pentecostales y no-pentecostales de sectores populares tienen una idea bastante negativa de lo que significa la actividad política y de los propios políticos, sea que estén éstos en la oposición o en el Gobierno del país. Ello pareciera relacionarse con un profundo

---

[12] Oscar Corvalán, "Informe sobre el Crecimiento de los Evangélicos en Chile", *Revista Cultura y Religión* 3.2 (2009), pp. 70-92.

sentimiento de haber sido reiteradamente utilizados por los políticos para afianzar sus respectivos intereses y posiciones en la estructura del poder. Ello sin que el apoyo de los sectores populares haya sido acompañado por un efectivo mejoramiento de las condiciones de vida de los marginados.

En segundo lugar, en el caso de los pentecostales pareciera haber mayor desinformación respecto de lo que ocurre en la sociedad en que viven, puesto que utilizan la mayor parte de su tiempo libre en las actividades propias de la congregación o iglesia de la que forman parte. A menudo simplifican los problemas sociales y los asocian a falta de responsabilidad, energía, perseverancia y dedicación de parte de las personas afectadas por los mismos, sin llegar a visualizar las causas estructurales que crean el desgano, la desnutrición, la cesantía, el alcoholismo y otras enfermedades sociales. De esta forma, la falta de información sobre los hechos que conforman la realidad social les lleva, más a menudo que a sus congéneres, a retrotraerse de la participación política.

En tercer lugar, dada la cosmovisión evangélica que impregna el pensamiento pentecostal, las ideas prevalecientes entre ellos respecto de la forma de producir transformaciones socio-económicas profundas son más bien moderadas. Pero en esta actitud tampoco son diferentes de sus congéneres de clase. Junto con los demás sectores populares muestran interés en que los cambios sociales se produzcan dentro de la ley y se oponen a medidas drásticas, radicales, de fuerza y con violencia. Sin embargo, en caso de desorden o de caos social, probablemente los pentecostales tengan más que perder que sus vecinos o compañeros de trabajo, en la meda en que la vida puritana y ascética que practican a menudo les ha permitido adquirir una casa y algunos medios que hacen la vida más llevadera. El sacrificio con el cual han adquirido dichos medios les hace adoptar una posición más conservadora de la de aquel que no tiene nada que perder en caso de revuelta y represión, sino su propia vida. Al pentecostal le parece injustificada la pérdida de la vida por la lucha política en pro de mejores condiciones de vida, aunque pudiera estar dispuesto a ofrecerla por razones religiosas.

En cuarto lugar, el pentecostalismo, en cuanto movimiento de protesta contra el sistema de valores y de relaciones injustas prevalecientes en la sociedad, rompe con la jerarquía social y con los valores de desigualdad tradicionales, para crear comunidades donde todos son hermanos solidarios y responsables el uno del otro. Las relaciones con la sociedad se visualizan como conflictivas, mientras que hacia el interior de la comunidad se comparten los mismos valores e inquietudes espirituales que les llevan a una relación mucho más armónica que con los no-creyentes.

En quinto lugar, la pasividad socio-política de los pentecostales proviene también de la visión religiosa que tienen del mundo circundante, puesto que piensan que las injusticias sociales son producto de la corrupción a todo nivel de individuos que no viven conforme a la norma religiosa que ellos profesan. Esto es más comprensible si se piensa que el medio ambiente en que viven los pentecostales prevalecen las enfermedades físicas, mentales y sociales, el alcoholismo, la violencia intra-familiar, la delincuencia barrial, la malnutrición, las malas relaciones familiares generalizadas en los sectores populares. De esta forma, visualizan que fuera de la solidaridad de la comunidad pentecostal ni la sociedad chilena ni la comunidad local tienen relaciones sociales alternativas que ofrecerles mejores que las que ya tienen en su comunidad religiosa.

En sexto lugar, el pentecostalismo rechaza doblemente al materialismo. Por un lado, la aversión al materialismo es típica de los movimientos de salvación como el pentecostalismo. Por el otro lado, en cuanto parte de los sectores populares comparten con estos una actitud de rechazo al materialismo. Las condiciones de vida de los pobres son tales que serían invisibles sino fuera por la religiosidad popular que permea todos los actos de su vida. En el caso de los grupos pentecostales, se enfrentan también a la demanda cada vez mayor que ejercen grupos proselitistas políticos, los cuales no pueden cumplir sin desatender sus compromisos religiosos.

Por último, en cuanto condicionante ligado a la cosmovisión del pentecostal se encuentra su creencia en la salvación individual. En énfasis colocado por los misioneros que trajeron el evangelio a Chile en la salvación individual ha llevado a un desprecio por lo colectivo y por las responsabilidades del hombre religioso frente a su hermano no creyente. Al respecto, llama la atención el hecho que personas que han visto cambios radicales en el comportamiento de los individuos creyentes no puedan visualizar cambios fundamentales en las relaciones entre los hombres. Es decir, existe una carencia en visualizar la dimensión social del poder del evangelio que es proclamado.

Al término de la dictadura, nos planteamos: frente a estas condicionantes de la participación social y política de los pentecostales, ¿Qué se puede esperar de ellos en un proceso de apertura democrática post-dictadura? Existen indicios que llevan a hipótesis alternativas de participación política. Dejando de lado la sorprendente convergencia de grupos pentecostales conservadores para unirse a la Iglesia Católica en su reclamo a los políticos frente a la legislación del matrimonio igualitario y el derecho al aborto, que constituye una forma muy particular de ecumenismo, ha habido intentos fallidos reiterados de levantar una candidatura presidencial de algún líder evangélico. De hecho, la gran mayoría de los pentecostales no aceptan que las iglesias deban apoyar a un candidato en particular.

En segundo lugar, no es posible confundir la participación política de los pentecostales con actos religiosos ligados a la autoridad política de turno, como son los llamados Te Deum evangélicos. Ello corresponde a la tendencia derivada del luteranismo de respetar la autoridad civil y no constituye un alineamiento político. De hecho, la (falta de) estructura interna del movimiento pentecostal constituye un elemento complota contra la posibilidad de forzar un alineamiento político específico. No existe una jerarquía que pueda imponer un orden de tipo político, puesto que los pastores no dependen de una remuneración proveniente de una estructura central, sino se deben a los diezmos de su comunidad. Cualquier miembro de una congregación puede protestar por una conducta que considere injusta o inapropiada del dirigente religioso, puede incluso retirarse sin que pueda mediar sanción social o económica alguna, puesto que podrá siempre encontrar otra congregación en forma positiva dispuesta a acogerle.

Antes de la dictadura, los pentecostales en sus relaciones con los políticos de entonces no se recuerdan hoy. Los líderes de entonces quedaron con la sensación que fueron a menudo utilizados. En el mejor de los casos consiguieron apoyo de los políticos para obtener la personalidad jurídica de la iglesia, la cual no era jurídicamente superior a la que pueda tener un club local de futbol o una sociedad de amigos, por lo que hubiera podido ser disuelta. Pero esto cambió con los gobiernos democráticos post-dictadura que han legislado para mejorar el status legal de las iglesias evangélicas. No obstante, en la medida en que tanto pastores locales como fieles palpen diariamente diversas formas de menosprecio de los representantes de clases dominantes por sus problemas, necesidades y aspiraciones, es dudoso que puedan identificarse con sus posiciones políticas, aunque no lo manifiesten así abiertamente.

En tercer lugar, es difícil que se produzca un acoplamiento entre las aspiraciones religiosas del pentecostalismo y las que buscan una transformación social más radical de la sociedad, precisamente porque su cosmovisión religiosa lleva a una diferenciación entre actividad política y culto religioso. Además, no sería posible para ningún grupo político ofrecer realmente una alternativa de organización social que operacionalizaría en la sociedad los valores que se viven en la comunidad pentecostal.

En cuarto lugar, si algunos grupos pentecostales volvieran a caer en la tentación de negociar un trueque de apoyo a determinados grupos políticos a cambio de algunos favores para construir sus templos, se estaría impidiendo que las iglesias asuman un auténtico compromiso con los asuntos políticos de la sociedad chilena, toda vez que se trata de trabajar porque la misma viva los valores del evangelio que se observan en la comunidad pentecostal.

En quinto lugar, si los pentecostales se unieran para participar en el juego político como un solo movimiento – lo cual es altamente improbable - tendrían que luchar contra todo el aparataje político dominante y sus vinculaciones con el aparato económico, que mantiene el rol del Estado y del sector privado separados, pero íntimamente vinculados, situación que requiere un proyecto político que los pentecostales no tienen y que de intentarlo es poco probable que tenga éxito.

En sexto lugar, se puede presentar la hipótesis que los pentecostales, que sostienen que 'no desean que el mundo entre en la iglesia', pero si desean que los valores de las iglesias entren en el mundo para cambiarlo a imagen de las comunidades pentecostales, pudieran entusiasmarse con la posibilidad de ganar experiencia en las transformaciones políticas de la sociedad, participando con algunos de sus líderes en un partido democrático y popular que tuviera la visión de incorporarlos como socios y no como una mezquina estrategia de captación de votos.

Conclusiones

El estudio de caso llevado a cabo muestra el cambio de visión y misión en las vidas de las personas que adhieren a una comunidad pentecostal. Si bien hace cincuenta años o más estas personas pertenecían a los estratos sociales más bajos, hoy crecientemente adhieren personas de clase media. Sin duda las prácticas éticas de los unos y los otros son relativamente diferentes. Pero persiste la idea que el pentecostal inicia una nueva vida y que sus conductas éticas en lo familiar, laboral, económico, etc., deben evolucionar positivamente.

Además, a futuro, autores como Fidiakova[13] ven en la mayor escolaridad de los jóvenes pentecostales una posibilidad de apertura a la participación política, se trata de un largo camino por recorrer, toda vez que el pentecostalismo más antiguo e institucionalizado pareciera estar estancándose en su crecimiento, el que hoy correría más bien por cuenta de los pentecostales libres, de comunidades locales con baja institucionalización, así como ciertos grupos de clase media que, por no tener base popular, difícilmente podrían lograr objetivos políticos duraderos.

Por último, es necesario señalar algunas importantes diferencias entre los pentecostalismos y la religiosidad popular, las cuales tienen implicaciones directas sobre la vida cotidiana de creyente y de no-creyentes. En la religiosidad popular el cosmos presenta toda clase de lagunas, es decir, la ordenación de la realidad al interior de un cuadro de un sistema coherente resulta muy parcial, puesto que lo inexplicable es atribuido al destino, el cual aparece como una fuerza superior ciega y sin sentido a la que el hombre estaría sujeto. Al contrario, en el pentecostalismo la realidad no aparece como caótica sino todo tiene su lugar en un cuadro coherente donde la providencia

---

[13] Eugenia Fediakova, "Juventud evangélica en Chile; ¿un nuevo modelo del evangelicalismo?", en M. A. Mansilla y Luis Orellana (eds.), *La Religión en Chile del Bicentenario* (Concepción, Chile: RELEP, 2012), pp. 103-28. Véase también Fediakova, *Evangélicos, Política y Sociedad en Chile: Dejando "El Refugio de las Masas" 1990-2010* (Concepción, Chile: CEEP Ediciones, 2013), pp. 71-98. Ver también, David Lehmann, David, "The Religious Field in Latin America: Autonomy and Fragmentation", en Claude Auroi y Aline Helg (eds.), *Latin America 1810–2010: Dreams and Legacies* (Londres, UK: Imperial College Press, 2012), pp. 419-55.

de Dios explica lo inexplicable y le confiere inteligibilidad a lo que carece de sentido.

Además, el tipo de sacerdocio universal en el que creen los pentecostales les ofrece libre acceso al creador, sin mediaciones de santos, ánimas u otros objetos de fe, que, al mediatizar las intercesiones de los fieles entran a obscurecer su comprensión de los actos de fe, y, en definitiva, mantienen al pueblo en la ignorancia y la superstición. Ésta a menudo ha sido usada por las clases dominantes para continuar usufructuando de un sistema social injusto que explota a los sectores populares. El pentecostalismo habría logrado ser una nueva versión de religión popular más autónoma y alejada de los eruditos. Pero también, como movimiento popular está más preocupado con lo experiencial que con las doctrinas presentes o pasadas.[14]

En consecuencia, si el pentecostalismo ha sido capaz de liberar a los creyentes de la superstición y la dependencia de objetos materiales de fe, incluyendo la autoridad de la otrora indiscutida de los representantes de la iglesia católica hegemónica, podría tener el potencial para liberar de un orden social injusto, o al menos ofrecer la posibilidad de aplicar una nueva ética social basada en el poder del evangelio que proclaman, cambiando las relaciones sociales de explotación, corrupción y trastocarlas en relaciones más solidarias, honestas y justas, comprometidas con el bienestar social del ser humano que sufre.

Finalmente, Lehmann (2012:427) y otros autores han puesto en relevancia el rol preponderante que el pentecostalismo está llegando a jugar en la composición del cristianismo en el mundo y en Latinoamérica en particular.[15] Esto implicaría una articulación ética entre las esperanzas escatológicas y las promesas de una gratificación en el aquí y ahora, sea en salud o mejor calidad de vida. Parte del éxito del pentecostalismo estaría dado por predominar su autofinanciamiento. Queda, sin embargo, abierto el rol que el neopentecostalismo caracterizado por el llamado evangelio de la prosperidad, va a jugar en Chile, puesto que hasta ahora está lejos de

---

[14] Lehmann, "The Religious Field in Latin America", p. 425.

[15] Lehmann, "The Religious Field in Latin America", p. 432.

llegar a tener la influencia que ha tenido en Brasil[16], donde si juega un rol político importante, aunque a veces indeseable.

---

[16] John Burdick, "Why is the Black Evangelical Movement Growing in Brazil?" *Journal of Latin American Studies* 37.2 (2005), pp. 311-32.

Reseñas de libros

Lie, Geir. *El pueblo de Dos a través de los siglos: una narración selectiva* (Oslo, Noruega: Editorial Akademia, 2020. 245 páginas. $17.95 pasta blanda. $9.99 Kindle.

Este es un interesante libro de historia de la iglesia cristiana que recoge datos de una abundante bibliografía. El libro contiene un lenguaje y análisis adecuado para el lector común, para quienes va dirigido. El lector descubrirá un legado histórico que le afirmará el deseo de servir a Dios; tanto dentro como fuera de la actividad eclesiástica. El propósito del libro es responder a las preguntas de interés del cristiano respecto a la historia del cristianismo. ¿Qué sucedió? es una pregunta inquietante para todo el que se interese en su fe. Por eso, este libro es una introducción breve de la historia y teología de las denominaciones cristianas más notables. También, este libro describe al movimiento pentecostal y carismático; así como su aporte en el avance misionero.

El primer capítulo, de los nueve, es "El inicio de la historia cristiana." El autor narra el inicio de la iglesia primitiva, y cómo se desarrolló a través de muchas luchas. Partiendo de la narración del libro de Los Hechos, Lie describe a una iglesia que siendo una congregación local se convirtió en una fuerza global. El capítulo agrega datos extra bíblicos, que dan un panorama de los primeros siglos de historia de la iglesia, donde se quería responder "¿quién era Jesús?" A través de persecuciones y luchas contra herejías, la iglesia fue definiendo sus conceptos. Estos esfuerzos reflexivos, acompañados de la providencia divina, los llevó a encontrar identidad de la mano de líderes pensadores.

En el capítulo dos, el panorama cambia. Este capítulo se denomina "La Iglesia Medieval". Lie describe una época espléndida donde la iglesia maduró y llegó a ser un poder estatal. Bajo el poder Papal, ella influyó el gobierno en el mundo occidental por casi mil años. Hubo periodos tensos por la lucha política y eclesiástica (Papas contra reyes); lo cual llevó a la iglesia a experimentar una decadencia espiritual. Estas luchas llevaron a sus líderes a la búsqueda de una espiritualidad más viva, a través del movimiento monástico. Por medio de la escolástica, esta época condujo a la edificación de los grandes centros académicos para pensar la fe en un tiempo de caos moral. Con el paso de los años la iglesia fue estructurando mucho mejor sus dogmas y doctrinas; pero esto mismo le llevó a poner bases para la Reforma.

El capítulo tres se llama "Las Iglesias de la Reforma". Lie describe un periodo fascinante de luchas, cambios y transformación del mundo y su cultura. El hito histórico es la reforma luterana de Alemania basada en la justificación por fe. Lutero luchó para reformar males dentro de la iglesia como las indulgencias y abusos de poder del clero. Esto fue una chispa que encendió la Reforma de la iglesia. La narración va incluyendo nuevos grupos que surgieron: anabaptistas, menonitas, anglicanos, presbiterianos, metodistas, entre otros. Cada grupo decidió entre su lealtad al poder político o al poder divino. Además, la iglesia tuvo luchas internas que ayudaron a gestar la Ilustración y un movimiento transformador social.

En el cuarto capítulo, denominado "La Ortodoxia, el Pietismo y la Teología de la Ilustración", se presenta una sustentada descripción del periodo pos reformado. Este periodo se caracteriza por luchas políticas y teológicas que fueron definiendo los grandes énfasis reformados: luteranos y calvinistas. También surgieron nuevas luchas entre el catolicismo y el anglicanismo. El cristianismo fragmentado, expresaba la necesidad de una sociedad que buscaba libertad. Lie explica cómo el cambio de época se dio con relevancia en filosofías renacentistas y humanistas.

Una historia emotiva para la fe pentecostal se describe en el capítulo cinco, denominado "John Wesley y el Metodismo Británico Temprano". Lie narra el surgimiento del movimiento wesleyano promovido por los hermanos John y Charles Wesley en Inglaterra. Este avivamiento surgió en una sociedad pos ilustrada, alejada de los grandes principios pietistas anteriores y cargada de inmoralidad. El

Metodismo surgió como un aire de esperanza. Grandes personajes de la historia cristiana entran al escenario decadente de la iglesia y sociedad, tales como: Whitefield y Fletcher entre otros. Sus historias nos dan evidencia del carácter que necesitaron aquellos predicadores que avivaron el fuego en el siglo XIX.

En los últimos cuatro capítulos, la historia se mueve en un contexto intercontinental. El capítulo seis nos habla sobre "El Cristianismo de Europa y América del Norte hasta el siglo XXI". El marco es de un contexto de revoluciones europeas. La iglesia se abrió entre la desesperanza y el hartazgo de la sociedad para convertirse en una iglesia sumisa a las ideologías predominantes. Movimientos migratorios, colonizaciones y el sueño por una mejor sociedad despertaron los grandes movimientos de santidad; los cuales fueron la base para el movimiento pentecostal y carismático de finales del siglo XIX y principios del XX. Dichos movimientos atravesaron los diferentes grupos eclesiásticos ya establecidos y decadentes, inyectando el impulso del Espíritu a nivel global.

Así se da paso al capítulo siete, con el nombre de "El Cristianismo en Noruega a partir del Pietismo". El lector encontrará algunos datos poco escuchados, sobre la llegada del cristianismo en la era vikinga. Posterior a la reforma de 1517, Noruega fue alcanzada por movimientos luteranos, metodistas, incluso por pentecostales. Aunque el cristianismo noruego tiene sus propios matices culturales.

El capítulo ocho se llama "Misión, Ecumenismo y la expansión del Cristianismo en los otros Continentes". Ya para el siglo XVIII la iglesia había crecido y desarrollado. Ya no podía ser figurada como Católica Romana. De la mano con la expansión del comercio global, la iglesia desarrolló un movimiento misionero fortalecido por el pentecostalismo.

Por último, el capítulo nueve hace un cierre interesante a la lectura. Este capítulo se llama "Iglesias y Sectas". Luego de describir la expansión misionera de la iglesia, es lógico aterrizar en cuáles fueron los efectos de esta siembra global. Se hace un análisis de las grandes denominaciones eclesiásticas como la Ortodoxa y Católica Romana, aquellas denominaciones surgidas en la Reforma; y también, aquellas posteriores a la reforma, inspiradas por el Espíritu, como lo son las iglesias pentecostales y carismáticas. Por último se describen algunas sectas influenciadas por el Cristianismo, como los Testigos de Jehová, Mormones y otros.

Como se anunció en el principio, este libro facilita al lector común de una introducción de fácil comprensión sobre la historia eclesiástica. De seguro que conocer la historia será una experiencia transformadora que afirmará la fe personal del creyente.

Luis Fernando Zabaleta
Obispo Ordenado, Iglesia de Dios

Contribuyentes a este volumen

Miguel Álvarez (PhD, Oxford Centre for Missions Studies) es Presidente/Rector del Seminario Bíblico Pentecostal Centroamericano (SEBIPCA), en Quetzaltenango, Guatemala. Entre sus obras recientemente publicadas están los libros *Teología de la Misión* (2019) y *Pasión por la Palabra: Hacia Una Hermenéutica Latina* (2017).

Kenneth J. Archer (PhD, University of Saint Andrews, Escocia) es Profesor de Teología y Estudios Pentecostales para la Escuela de Divinidades, Barnett College of Ministry & Theology, en Southeastern University, Lakeland, Florida. Es profesor honorario y supervisor de estudios doctorales en el Departamento de Teología y Religión de la Universidad de Birmingham, Inglaterra.

Daniel Orlando Álvarez (PhD, Regent University) es Profesor de Teología y Director del Centro de Iniciativas Globales en el Pentecostal Theological Seminary de Cleveland, Tennessee. Es autor del libro *Mestizaje e Hibridez: Identidad Latina en Perspectiva Pneumatológica* (2018).

Lee Roy Martin (DTh, Universidad de Sudáfrica) es Profesor de Antiguo Testamento y Lenguajes Bíblicos en el Pentecostal Theological Seminary en Cleveland, Tennessee, Estados Unidos. Es coeditor del *Journal of Pentecostal Theology*, y ha publicado mucho sobre Teología Bíblica y Pastoral.

Carmelo E. Álvarez (PhD, Free Univerisity of Amsterdam) es misionero portorriqueño, teólogo educador y escritor sobre América Latina. Es profesor adjunto del Seminario Teológico McCormick de Chicago y del Seminario Teológico Evangélico de Matanzas, Cuba.

Bernardo Campos es profesor de teología en la Universidad Martin Luther King en Managua, Nicaragua; y en seminarios pentecostales. Es profesor asociado del Seminario Teológico EbenEzer de Panamá y, es miembro fundador de la Red Latinoamericana de Estudios Pentecostales (RELEP). Es un escritor prolijo y muy leído globalmente.

Oscar Corvalán Vásquez (PhD, University of Toronto) es sociólogo, profesor en la Universidad Central de Chile. Ha publicado en la Red Latinoamericana de Estudios Pentecostales y en la Serie Regnum del Centenario de Edimburgo, Reformulando la Misión en Latinoamerica, 2019.

Made in the USA
Columbia, SC
18 January 2021